フランスの高校生が学んでいる
10人の哲学者

シャルル・ペパン

永田千奈＝訳

草思社文庫

まえがき

私にとって哲学は喜びと切っても切り離せないものだ。考えることで力を得て、強く生きていくことは喜びなのである。だが、哲学の「教科書」に喜びを期待する読者はそう多くないだろう。それでも、哲学と喜びを結びつけることはできないだろうか。授業や講演などで、実に様々な人たちと出会い、そのたびに、哲学が現代社会に「通用する」ということ、もしくは「通用しない」とはどういうことかを実感してきた。雑誌『フィロゾフィー・マガジン』で、月に一回、読者の質問に答えているときにも同じ印象を抱いた。今までとは違う哲学の教科書を書いてみようと思ったのは、それがきっかけである。

本書では、現代なら完全に「アウト」な問題発言を含め、プラトン、スピノザ、ヘーゲルといった一〇人の有名哲学者の言説を紹介する。

フランスの高校生が学んでいる10人の哲学者　目次

1 プラトン

紀元前四二八（四二七？）～前三四八（三四七？）
古代ギリシャの哲学者、ソクラテスの弟子（ソクラテス自身は著作を残していない）、アカデメイアと理想主義の創始者。

プラトンは「イデア（＝理想）の天界」を作り出した。プラトンによると私たちの住むこの世界は本当の世界ではない。「本当の世界」は別のところにある。私たちの頭上、「イデアの天界」には、理想が永遠の輝きを見せているが、地上にいるかぎり、このイデアを完全に自分のものとすることはできない。つまり、ルールは天上にあり、下界に生きる私たちはこのルールを多少なりとも意識しながら生きている。

プラトンの思想はまず、私たちがひとときを生きる「可感界（見たり触ったりできる具象）」と、永遠の命をもつイデアが生きている「可想界（頭のなかにしかない抽象概念）」を区別することから始まる。「可感界」において、人はそれぞれに異なる。大柄な人、小柄な人、臆病な者、勇敢な者、悪人も善人もいる。

だが、イデアの世界における人間の概念は一つしかない。こうあるべき人間というただ一つの理想的な人間像しか存在しないのだ。そして、この抽象的ながらも、明確な理想を基準とすることで、感覚的に生き、具体的なかたちで存在する人間、多様な人間を価値づけることができる。

理想主義者・プラトン

プラトンは天に理想を求める。プラトン哲学が理想主義と言われるのはこのためだ。ニーチェはプラトンを理想主義の創始者と位置づけた。ニーチェによれば、天と地を神と人の領分として区別するキリスト教は、プラトンの思想を借用したものなのである。

「可感界」は多種、多様、偶発性、相対性を特徴とする世界であり、非本質的な世界である。たとえば、それぞれに異なる台がある。応接間の低めのテーブル、背の高いテーブル、美しいテーブル、みすぼらしいテーブル、ナイトテーブル、手術台も広い意味ではテーブルだ。

一方、可想界では、一貫性、必然性、普遍性、恒久性が価値となる。これこそがプラトンのいう本質的な世界であり、ここでいう概念は本質と言い換えられる。つまり、ここで問題なのはテーブルという概念であり、「物を載せられる平面に脚がついているもの」というテーブルの定義だ。

テーブルとは何かを知るために、この世に存在する台状のものをすべて思い浮かべ、その詳細に目をこらす必要はない。ただ「上を見る」、つまり、矛盾するようではあるが、目を閉じ、可感界の煩雑さ、複雑さから遠ざかり、自身のなかに問いかけ、テーブルとは何かを考えてみるのだ。

さて、次に問題になるのが可感界と可想界の関係だろう。私たちは具象にあふれる下界で、イデアの天界にある永遠の価値観に従って生きている。

では、どうやって、自分たちの行動が天界のルールに合致しているか判断すればよいのだろうか。私たちの行動を分析し、その問いに答えられるのは、永遠のイデアを眺めることができる哲学者だけだ。

二つの世界の関係については別の方向からも考えることができる。下界で生きる私たちを永遠のイデアに導く人はいるかということだ。

これについては、プラトンが『饗宴』のなかで答えている。誰よりも美しい肉体が欲しいと思いつづけることで、人は美という概念、ついには真理という概念に向かう。

もちろん、経験豊かな哲学者による導きは必要だろう。欲しいのは美しい肉体ではなく、肉体の美しさであることに気づいたら、第一段階は完了だ。さらに、その美しさが均衡の真理にあると気づいたら第二段階も達成される。

つまり、人が本当に求めているのは、単なる個人的な身体の美しさではなく、真理なのだ。こうしていくつかの段階を経ることで、人間はイデアの天界に向かって昇っていく。

ただし、この考え方は民主的とは言えない。知恵の人に導かれ、一部のエリートだけが真理に到達できるとプラトンは考えていた。

ニーチェによると、キリスト教はこれを民主化し、誰でも天国に行けるとすることでプラトン主義を俗化させた。哲学者の役割を教会が担い、「人民のためのプラトン主義」をつくったのだとニーチェは説明している。

このイデアの天界という基本概念は、認識論、政治論、社会論、美学に至るまですべてのプラトン哲学を貫くものであり、この基本を理解することで彼の思想全体が見渡せる。

空を見上げる才能こそが哲学だという哲学の定義そのものがそこにかかわっているのだ。そして、空を見上げる賢者の純粋なまなざしに比べると、人の行為は価値が低いものとなる。

肉体は死ぬべし

「哲学とは死に方を学ぶことだ」という、モンテーニュが引き継いだプラトンの言葉は意外に思われるかもしれないが、こうして考えると腑に落ちる。「可感界」の生活は早々に終わらせるべきものであり、多様性のなかにある非本質的な肉体は死んでしかるべきなのだ。賢人は、永遠という視点からものごとを見なければいけない。

知識について、プラトンは実に独創的で驚くべき仮説を披露している。それによると、あらゆる知識は遠くの人生から突然湧き出てくる記憶であり、再認識であるというのだ。これが、プラトンが『メノン』で説明している「アナムネーシス（想起）」というものである。

つまり、生まれる前、現在保有している肉体、空間的にも時間的にも限定された肉体に「劣化」する以前、人間はイデアの天界に暮らしており、死ぬとまた空に戻る。誕生するまで、人は永遠の真理という「産湯（うぶゆ）」に浸されていた。まるで突然光が射すように何かを理解するのは、誕生前に触れていた真理を「想起する」からである。

よって、知ることは常に思い起こすことであり、記憶を呼び覚ますことなのだ。知識はアナムネーシスなのである。

こうして、プラトンは「明証（エビデンス）」を説明しようとする。私たちが「明証（エビデンス）の語源はラテン語のvideo＝見るである）」のなかに見ているのは、下界の肉体に閉じ込められる以前、天界にいた頃に慣れ親しんだ概念なのだ。

だから、プラトンにとって死は悪ではない。狭苦しく、重く、不器用な肉体という檻から解放され、永遠の真理に回帰することなのだ。

「哲学とは死に方を学ぶことだ」というのは、死によって肉体の限界から解放されるのを待つまでもなく、思考によって永遠のイデアに到達せよという意味である。ギリシャ語で肉体は〈soma〉だが、墓は〈sema〉である。プラトンにしてみれば、肉体は魂の墓場なのだろう。といってもこの肉体という墓は一時的なものでしかない。死は魂を肉体から解放してくれる。

政治に関して言えば、プラトンは民主主義に対して非常に厳しい目を向けており、特に『国家』では民主主義への批判が顕著である。ただし、ここで彼が批判しているのは、当時誕生したばかりの古代ギリシャの民主制であり、ここでも「イデアの天界」の原理をあてはめたうえでの批判である。

彼によると、民主制は、人々が無自覚のまま権力を手にし、人民、正義、善などの本質についてイデアを仰ごうともせず、無知のまま政権を担うことを意味する。

つまり、情動の政治であって、理性の政治ではない。国を治める方法など学んだことのない人民たちが、これまで政権の座にあった貴族への恨みを原動力として、不公平な政治を執り行なう危険がある。

だが、これまで高い地位にあった特権階級は不当な政治を甘受しようとはしないだろう。そこで、民主制はやがて独裁に陥る。

こうして、プラトンは『国家』で「哲学者を王にする」必要性を訴え、第七書簡でも同様の主張をしている。正義や徳といったイデアに基づき都市を治めるため、為政者は天界のイデアを見ることができる人物であらねばならないというわけだ。天の法則によって導かれた者こそが国を導くことができるとプラトンは考えた。

幻想を退け、真理をとらえよ

次は芸術論である。プラトンは「都市から詩人を追放せよ」と言い放った。『国家』第十巻で、彼は写実的に描いた絵の寝台とイデアの寝台を比較している。寝台を描いた絵画は、現実の寝台よりもさらにイデアの寝台から遠いものであるというのだ。現実の寝台には少なくとも機能がある。上で寝ることができる。「真理から一段階遠いもの」つまり、理想の寝台という概念から一段階遠いものということだ。真理ではないが、実用性はある。実用に耐える寝台を造らねばならない以上、職人もある程度は、寝台の本質に忠実であろうとするだろう。

だが、芸術家が寝台の絵を描く場合は違う。彼らは、特定の角度、特定の色彩に固定された特定の寝台を思うがままに描く。よって、芸術は、「真理から二段階遠いもの」となる。描かれた寝台は、寝台の本質から乖離しているうえに、実用性もない。芸術家は真理を尊重しないし、その作品には必然性もない。芸術家には、ある種の「気まぐれ」が許されており、彼らは傍若無人にふるまう権利、似非自由を謳歌する。

芸術とは幻想なのだ。これは寝台だと思い込ませることで、真理も実用性も考えず、見る人を楽しませるだけのものがプラトンにとっての芸術である。

実際のところ、プラトンは同時代の芸術家たち、だまし絵の技術を競うような画家たちに対して怒っていたのだ。そのうちの一人、ゼウクシス〔紀元前五世紀の画家〕は、岩の上に本物そっくりのブドウの絵を描いたところ、鳩が間違ってついばもうとしたと言われている。

だが、たとえ、プラトンの芸術批判が真剣なものであり、その後連綿と続く哲学者による芸術批判の口火を切るものだったにしろ、プラトンは芸術、とりわけ詩について複雑な思いを抱いていた。若き日のプラトンは一時的とはいえ詩人になろうとし、厳密な意味での哲学的議論に加え、神話やイメージ、寓話などもしばしば引用している。要するに、プラトンは本当の意味での「作家」であり、プラトンのように文学的な哲学者は実は少数派なのである。

プラトンは、『ソピステス』のなかで、だまし絵的な芸術ではなく、複製の技術であるとしてエジプト芸術を擁護し、持論に含みをもたせている。少なくとも実物の比率を「忠実に再現」しようとしていると評価しているのだ。

プラトンは忠実な再現を目指したエジプト芸術（人間の身体の各部位を最もシンプルな角度から再現して描いたパピルス画がその一例）を、均衡や黄金比のもつ本質的な美を無視し、ただ客を喜ばすことだけを考える模造の芸術であるギリシャ芸術と区別している。

民主制や芸術に対する厳しい批判、そしてその厳しさを多少とも緩和させる時においてさえ、プラトンにとって重要なのは真理への愛であり、永遠のイデアに対する忠誠心なのだ。

プラトンの創立した学校、アカデメイアの正面には、「数学を学ばぬ者この門をくぐるべからず」とある。均衡の真理を愛する者しか入ってはならないという意味だ。均衡の真理こそ、数学が私たちに教えてくれるものであり、一時的な感情や意見、可感界の表面的な世界と距離を置くことを教えるものである。数学がサイエンスの基本であるのは、他の分野に比べ、感覚でとらえた具体的な物体を抽象化し、幾何学、代数という絶対的に純粋な状態で考えることを可能にするからだ。

プラトンは『ソクラテスの弁明』で師のソクラテスを賛美し、その教えを忠実に守ってきた。そして、真理に到達する手段として、「産婆術」を唱えるようになった。段階を踏んで質問や後押し、時に皮肉を言うことで「胎内にある《精神》を引き出す技術」と言ってもいい。

偏見から魂を救い出し、すでに胎内に存在している「真理」の存在に気づかせる。つまり、「再認識」させるのだ。もちろん、簡単でないことは百も承知だ。

有名な「洞窟の寓話」は、人間が目に見えるものに囚われている様を示している。洞窟から一度も出たことがない人は目に見えるもの（実は小さな開口部から射し込む光によって洞窟の壁に映し出されている虚像にすぎない）を現実だと思い込む。
一方、哲学者は洞窟の外におり、遠くや天上の世界を眺め、見た目だけの幻影にはまどわされない。哲学者が洞窟に戻り、人間に真理を教えてやろうとしても、人はそれを信じようとしない。幻想の居心地の良さから離れたくないのだ。

芸術を批判したプラトン自身も、哲学的対話という新ジャンルで必ずしも成功を収めたわけではない。今でこそ、偉大なる古典哲学の祖とされているが、当時彼は人気を得ることを夢見、劇作家に嫉妬し、自身も対話という新ジャンルの文学の創立者になろうとしていたのである。だが、その野望は失敗に終わった。

劇場は常に人々を魅了しつづけ、詩人も人気があった。詩人が都市を追われることはなかった。一方でプラトンの対話は、彼の生きているあいだ、ごく一部の人にしか人気がなかった。
それでも、後年になって再評価され、イギリスの哲学者ホワイトヘッド〔一八六一～一九四七）が西欧哲学はすべて「プラトンの対話の脚注」にすぎないと言うまでになったのである。

プラトンからのアドバイス

いつも他人に意見を求めて、決断できない。最後にしゃべった人の意見に同意してしまう、あなた。

正解を求め、解決策を手にしたいのに、様々な視点のあいだで迷ってばかりのあなた。

プラトンなら、もっと自分に自信をもてとシンプルなアドバイスをくれるだろう。だって、真理はあなたのなかにあるのだ。真理はあなたの外、つまりあなたがもっていないけれどほかの誰かがもっている知識のなかにあるわけではない。

『メノン』を思い出してほしい。『メノン』のなかでプラトンは、アナムネーシスを説明している。今、あなたは真理を探しているけれど、あなたはそう遠くない昔、真理のすぐそばで暮らしていたことがある。永遠のイデアの大きな浴槽のなかを漂っていたのだ。

こんな解釈はどうだろう。あなたのなか、あなたの奥底には自分でも気づかないものが眠っているのだ。

だからといって、他人の存在や他者との対話が何の役にも立たないというわけでもない。他者との交流は必要だが、プラトンはその付き合い方に条件をつける。

他者と語り合うのは、あくまでも自身と対話するためであり、あなたが真理にたどりつくためのヒントが他者の指摘から得られるかもしれないからだ。他者の言葉に真理や正解を求めて対話するわけではない。

まずは、他者が答えをもっていると思わぬこと、他者を頼ろうとしないことだとプラトンは助言するだろう。

プラトンとの対話において、ソクラテスが真理を明かすことはない。ソクラテスはただ先入観を取り除き、論点の矛盾に気づかせようとする。何かを明かすのではなく、何かから解き放つのだ。

自分を信じて、他者と会話し、明白な真理が現れる瞬間を待つ。それが「理解する」ということだ。

こうした確証は簡単に見つけられるものではない。確証がなければ、それは印象にすぎない。それこそがプラトンの闘いであった。

『ピレボス』に書かれているように最初に感じたことは、ただの反射的な反応にすぎない。確証は、あとになって、ある種のねぎらいとしてやってくる。そうなるともはや人は真理を見ずにはいられないのだ。

プラトンの問題発言

「哲学とは死に方を学ぶことだ」

プラトンの偉大さは理解していても、この定義だけは違和感をもつ人もいるだろう。そもそも、死に方を学ぶことなどできるのだろうか。一度も体験したこともないのに、死に備えることなどできるのだろうか。

プラトンは、生から死に至る実際の状況を想像してこの言葉を言ったわけではない。彼が言いたいのは、肉体はいつか滅びると知っておけということだ。限りある人生を生き、死ぬ前から、永遠の価値に思いを馳せようというのである。

プラトンは肉体を軽蔑し、憎んでさえいる。これこそが、プラトンの思想の特徴なのだ。確かに『饗宴』では、肉体は美や真理に到達するためのものとされている。だが、肉体はなくてもいいものなのだ。

　プラトンにおいて肉体はしばしば邪魔なもの、心の目を曇らせるものとされ、死は、親切にも肉体から魂を切り離してくれる。では、肉体があると幸福になれないのか。肉体は真理に到達するのに役立つものではないのだろうか。

　精神分析学者フロイト〔一八五六～一九三九〕は、私たちの肉体が実に複雑な自我と結びついていることを明らかにした。肉体こそ、最初の知性であり、われわれは肉体を通して世界の真理を知るのだと、現象学者モーリス・メルロ＝ポンティ〔一九〇八～一九六一。フランスの哲学者〕は書いている。

「哲学とは死に方を学ぶこと」ではなく、「生き方を学ぶこと」と考えられないだろうか。永遠の真理を見上げるだけではなく、今、ここにある人生の美しさを楽しみながら生きてみてはどうだろうか。

　すべてが美しいわけではないし、美しいものが永遠に続くわけでもない。だからこそ、「今、ここ」が重要なのではないだろうか。永遠に変わらぬ本質よりも変化を愛し、ひとときの輝きを楽しむのも人生ではないだろうか。

2 アリストテレス

紀元前三八四〜前三二二
ギリシャの哲学者。医者の息子でプラトンの弟子。高校の語源であるリュケイオン（リセ）の創立者、現実主義と百科全書派の祖。

弟子には用心したほうがいい。アリストテレスはプラトンの弟子だった。二〇年近く、アカデメイアに通いつづけた。だが、彼の著作は、プラトンに逆らうような言説であふれている。

アリストテレスは地上の人間、多様性を擁護する立場からプラトンを批判し、唯一絶対の永遠のイデアを否定する。可感界から目をそむけ、天界を見上げよと説いたプラトンに対し、アリストテレスは可感界に向き合い、多様性や複雑さに目を向け、現実を間近で、至近距離から観察する。

彼はほかのどんな思想家よりも、類型学や分類学に注目した。粘り強く、飽くことなく精密に、アリストテレスは分類し、名づけ、仕分けしていく。

その対象は植物、動物だけではなく、人間の性質や政治体制にまでおよび、百科事典のようにすべての存在を網羅するという壮大な計画に挑んだのだ。たぶん百科全書の編纂という野望を最初に抱いた哲学者は彼だろう。

プラトンは外見にだまされるなと書いたが、アリストテレスは観察を重んじる。知識と行動のためには観察すること、感じることが大事だというのだ。

ハンマーをつくろうと思ったら、空を見上げて理想のハンマーの放つ永遠の輝きを求めても無駄だ。それよりもハンマーの多様性を観察することから始めよとアリストテレスは言う。最良の政治体制を考えるなら、政治の原則を理想の世界に求めるよりもまずは既存の政治体制を分析し、そこから教訓を引き出す。

現実主義者・アリストテレス

こうして感覚や観察、実験の価値を再評価したアリストテレスはただの経験論者ではない。彼は、様々な分野を横断的に見る知識の類型学（これも新たな学問だ）を打ち立てようとしたのである。

アリストテレスは純粋な理論による学問（主に数学）と行動に結びつく実践分野（物理、政治、倫理など）、さらに創造に結びつくポイエティークな分野（芸術や工芸）を区別する。この三分野は等しい価値をもち、互いに独立し、それぞれに利点、特性、まとまりがあるというのがアリストテレスの説明である。一方、プラトンは、どんな分野であれすべての人間の営みの真理を解明するのは数学であるとしていた。

こうして、アリストテレスは独自の学校を造らざるをえなくなった。アテネのすぐ外、森のなか（動植物を観察するには好立地だ）に造った「リュケイオン」である。当然、プラトンのアカデメイアとはライバル関係になる。

プラトンのアカデメイアでは入口に「数学を学ばぬ者入るべからず」とあったが、アリストテレスなら何と刻んだだろうか。「複雑さを愛さぬ者入るなかれ」だろうか。「プラトン派お断わり」とでも書きたかったのではないだろうか。

空を見上げるプラトンと地を観察するアリストテレスという対比は、第二の相違点、「そうでないこともありえたこと」つまり、偶発性についての考え方の違いにつながる。

出会いや社会生活、政治的立場など、私たち人間の生活は偶発性に支配されている。春に生まれたこと、ある人物と出会い、恋に落ちたこと、大嫌いな候補者が大統領選挙に勝利したこと。すべては偶発的なことであり、「そうでないこともありえた」。つまり、私たちは必然の世界で生きているわけではない。

プラトンは偶発性を否定し、すべては必然であるとする（天のイデアは絶対であるから、「そうでないことはありえない」）。アリストテレスはこの偶発性を行動に結びつけ、逃げずに受け入れることを説く。そして、うまく立ち向かうための助言も惜しまない（『エウデモス倫理学』『ニコマコス倫理学』に登場する「倫理」哲学は、「実践」哲学でもある）。

プラトンには「よりよく生きる」ための方法について具体的な助言はないが、アリストテレスは違う。少なくとも彼の著作の一部（実践的分野）は、偶然に左右される世の中でどのように生きていけばいいのかを示すガイドブックのようなものである。

プラトンとアリストテレスの対比は、次章以降で取り上げる哲学者たちのあいだにも繰り返し現れる。プラトン派は、知的な誠実さ、ソクラテス風のアイロニー、知への愛が特徴であり、アリストテレス派は行動の人である。アリストテレス派は、時機（カイロス）をとらえて動き、フロネシスと呼ばれる経験から得た実践的な知恵や慎重さ、具体的な状況に応じた判断力を重視する。

プラトンとアリストテレスの違いは、偶発性についての姿勢を見れば一目瞭然だ。プラトンは、そんなものは人間にとって価値も意味もないとばかり関心をもたず、真剣に向き合わない。だが、アリストテレスは偶然を受け入れ、さらには愛そうとまで言う。

プラトンとアリストテレスは両極端な二つの人間のあり方を体現している。プラトンは理想主義者で、完璧を目指し人間の理想を極限まで高めようとする。アリストテレスの人間観は現実的で、不完全ながらも欠点をいかに減らしていくかを具体的に考える。

究極の善より最善を

プラトンとアリストテレスの対立は、道徳（モラル）と倫理（エシック）の対立の始まりでもある。プラトンは、道徳を基準とすることで人間、いや少なくとも賢者たちを導き、理想（善という永遠で不変で必然のイデア）に近づけようとする。

アリストテレスは道徳よりも倫理を優先させる。運に支配されたこの世の中ですべての人の行為を善という普遍的な絶対の概念によって律するのは無理なことだと諦め、それでも少しは「まし」になるように、状況や時代の変化に応じてその都度、適切な行動を選んでいくほうが好ましいという考え方である。

道徳は「究極の善」を求めるが、倫理は常に変化する世界のなかで「最善」を目指す。アリストテレスは『エウデモス倫理学』『ニコマコス倫理学』の著者であり、倫理学の祖である。つまり、彼の思想はプラトンよりも現代的なのである。

わかりやすくするために、アリストテレスにおける人間の価値とは何かをあげてみよう。アリストテレスは徳や、正義や勇気といった美点そのものを絶対の価値として語ることはない。彼にとって、最善は常に二つの悪例の中間に存在する。つまり、中庸こそが美徳なのだ。

勇気について考えてみよう。理想の勇気について語る必要はない。勇気とは、無鉄砲と臆病のちょうど中間のことである。プラトンなら勇敢であるためには、真の勇気とは何かを考え、理想を追求すべきだとするだろう。だが、アリストテレスはここでも上ではなく下、しかも両極端の悪い例を具体的にあげ、そのどちらとも等しく距離をおくことを最善とする。理想主義のプラトンは高みを見つめ、理想の勇気を追い求めるが、アリストテレスは現実主義者として、無鉄砲でも臆病でもない境地が勇気であるとする。

プラトンは上を見る。アリストテレスは中間地点を探す。理想か現実かという議論は今なお繰り返されている。プラトンは正しい判断のためには、天界の理想を基準として現実を見るべきだとする。アリストテレスは、規格はあくまでも現実に基づいてつくりあげるものであるとし、その規格さえも変動する可能性があり、明日には使い物にならないかもしれないと柔軟に対応する。

　要するに二人の違いは現実との向き合い方にある。プラトンにとっての可感界は、忌避すべきものであり、あくまでも天界を基準として振り返り、かかわり合うべきものだ。アリストテレスにとって、現実は最初に向き合うべきもの、少しでもましな行動を選ぶための土台なのである。

　この違いは当然のことながら、政治観にも影響する。ここでも、アリストテレスはプラトンに反論する。

　プラトンにとって政治は科学であった。政治には科学、特に「科学のなかの科学」である数学が必要だと考えていた。だから、王は数学と哲学を学ぶべきであり、さもなければ、知性ある哲学者こそが治世者となるべきだと彼は主張した。都市を治めるには、学問が必要だというわけだ。

一方、アリストテレスにとって政治は科学ではなく、芸術であるという。アリストテレスの主張する「三分野の独立」がここにも登場する。政治は実践分野であり、理論分野ではないのだ。

こうなると、アリストテレスのほうに軍配があがる。数学が政治にどのように役立つというのだろう。科学とは「必然」の世界である。ところが、政治家が向き合わねばならないのは、偶然の支配する社会だ。

『政治学』のなかで、アリストテレスはソロン〔紀元前六四〇頃〜前五六〇頃。古代アテナイの政治家〕やペリクレス〔紀元前四九五？〜前四二九。古代アテナイの政治家〕の例をあげ、政治という芸術には「才能」が必要だとしている。

予測不可能なことも多く、刻々と変化する世界、過去の経験が必ずしも最善の決断を保証しない世界を統治するには「才能」がいるのだ。過去が役に立つのは、せいぜい失敗例から教訓を得るぐらいではないだろうか。

つまり、政治に必要な芸術的才覚は学校で教えられるものではない。アリストテレスは政治を学ぶ学校など無意味だと考えていた。となると、政治学院の類い〔フランスでは多くの政治家が政治学院の出身者である〕はどれもアリストテレス派ではなく、プラトン派であるということになる。

ただし、政治手法を学校で学ぶことは不可能でも、実践のなかでその才を磨くことはできる。地に足の着いたアリストテレスは、様々な状況で経験を積むことで、判断力、時機（カイロス）を見極める力を磨き、慎重に行動することは可能だとしている。ここでいう慎重さというのは、危険に怯えることではなく、万が一を想定する用心深さを指す。

矛盾するようだが、アリストテレスは、『政治学』のなかで「実践的な知性」を体現する例として、政治家以外の職業をあげている。彼は自分の父や祖父のような医者、そして船長を実践的知性の例として挙げているのだ。

医療にしろ航海にしろ、危機的な状況では、学問よりも経験知が必要とされる。どんな可能性があるかを考え、カイロスの直感をもつことが大事だからだ。カイロスには、好機だけではなく鎧（よろい）の不備のような危機の意もあるのだから、万が一の事態を考えておく必要がある。

特に医療の現場ではカイロス、つまり時機の判断が本当の意味で重要になる。投薬や手術のタイミングが早すぎても遅すぎても、効果は得られない。船長もまた船員たちの忍耐力、船の性能を知り、様々な状況の海を経験しなくてはならない。船員も船体もできるかぎり危険にさらすことなく、目的の港に着けるよう最善策を練るのが船長の役目だ。

だが、知識だけでは足りない。やはり才覚が必要なのだ。実際、予想外の事態は起こりうる。アリストテレスは、プラトンと異なり、こうした突発事項の発生を無視できない。ちょっと考えただけでも、まず気象条件が航海を左右することが想像できる。数時間前まで無風だったところから、あっという間に風力四を過ぎ、風力九まで変化する夏の嵐、メルテムの到来を予測するのは不可能だ。

では、どうしたらいいのか。正解はない。正解を教えられるなら、知識を得たり、政治学校で学んだりすることにも意味があるだろう。だが、危機のなかにあっては、新しいことに挑戦し、行動することが必要になる。原則を当てはめるだけでは答えが得られない状況で、判断を迫られるのだ。

アリストテレスが気象の変化、とりわけギリシャの空を襲うメルテムの脅威にこだわっていたのは、それなりに理由があってのことだろう。イデアの天界だけではない「空」の別の姿を示し、プラトンに異を唱えたかったのではないだろうか。

人間は政治的な動物である

政治観においても、アリストテレスの民主政治への評価はプラトンと対立する。プラトンは民主政治を評価しないが、アリストテレスは熱を込めて擁護する。アリストテレスとスピノザ〔一六三二〜一六七七。オランダの哲学者〕は、西洋哲学の歴史において数少ない民主主義の熱心な擁護者なのである。

これまで見てきたように、政治家に必要なのは才能だと主張していたアリストテレスが民主政治を支持するのは意外に思われるかもしれない。だが、そこにはちゃんと彼なりの理由がある。都市を統治するのは非常に難しいことであり、学問で解決できるものではないとアリストテレスは考えた。だからこそ、よほどの天才に頼るか、多数決で決めるしかないというわけだ。

つまり、ただ一人の人間の決断であろうと、多くの人間が集まり、審議したうえでの結論であろうと、正しい判断ができればそれでいいのだ。民主的な審議には、孤独な天才が一人で決断する以上の効果があるかもしれない。

アリストテレスが民主政治を擁護するのは、集団で議論することによって理性的な決断や、法の制定が可能になると信じていたからである。簡単に言えば、アリストテレスは、各人の知恵を持ち寄ることで、人間は賢くなれると考えた。

民衆は愚かだとプラトンは言う。確かにそうかもしれないが、皆で議論を重ねることで民衆は知をもつことができるとアリストテレスは反論するだろう。同じ場所（公共の場所アゴラ）で、同じ議題（公共の話題レス・ピュブリカ）を共有することによって、各人の能力を持ち寄り、言葉による表現力や理性を高めることができる。つまり、人間らしくあるため、人間社会の発展のためには、政治的な議論が必要なのだ。

これが、アリストテレスの有名な言葉「人間は政治的な動物である」の真意である。政治がない状態、もしくは政治が存在する以前、人間は可能態（デュナミス）でしかない。だが、議論の場が生まれたことで、人間は「現実態（エネルゲイア）」になる。人間は政治的動物である。人間らしくあるためには、政治が必要であり、政治こそが人間をほかの動物と異なる存在にしている。

もちろん、そこに至るまでには、政治が理性と言論活動を活性化させることが必要である。「人間は政治的な動物である」という言葉は、人間がもともと「話す」動物であることが前提となっている。人間が言語をもたなければ、「共に生きていく」ために話し合うこともできない。共存のために意見を交わすにはどうしても言語が必要なのだ。

話し合うことで私たちは一緒に生きてゆけるし、各人の理性や言語化の能力を高めることにもつながるうえ、共同体のなかに感情的なつながりを生む効果もある。ここでいう社会的な結びつき（フィリア）は、今日、「連帯」と呼ばれているものに通じる。アリストテレスの描いた共存社会の理想は、大衆を「愚かな動物」扱いしたプラトンとはずいぶん違うものだ。

アリストテレスとプラトンの対比は民主的な話し合いと哲学的対話の違いでもある。アリストテレスによると民主的な話し合いは真理をつくりだすものであり、あらかじめ存在していた真理を見つけ出すわけではない。ソクラテスにおける真理は、まだ認識されていないまでも、その人の内部にすでに存在しており、哲学的な対話によって「引き出される」ものであった。プラトンにとって真理は対話というかたちですでに存在している。アリストテレスにおける真理は議論を重ねるなかで育ち、練り上げられていく。

プラトンが理想とする哲学的対話でも、人々は集う。だが、集う目的は自分のなかに「すでに存在する」真理に気づくことにある。アリストテレスにおいては、集まること、一緒にいること自体に大きな意味がある。なぜなら、集い、議論することでしか理性は育たず、それがなければ「より良く生きる」とはどういうことなのかを考えることすらできなくなってしまうからだ。「政治的動物」とは、民主的という言葉に置き換えることができる。

もちろん、アリストテレス哲学のなかには、今では「古びて使えなくなった」部分もあるし、完全に誤りだとされている部分もある。その一例が「目的原因説」だろう。アリストテレスは、自然界の現象の原因は、その達成すべき目的にあると考えていた。植物は伸びるためにあり、狼は羊を食べることで狼としての目的を達成する。要するに、自然界のすべてには無駄がないと言いたかったのだろう。

原因と目的、つまりは原因と意味を取り違えた自然科学における目的原因説のせいで、自然科学の研究は長らく足止めされてしまった。だが、たとえ一部に誤りがあったとしても、アリストテレスが次々と考え出したその思想体系は実に驚くべきものである。

アリストテレスは民主的な話し合いを重視し、現代のヒューマニズムに通じる価値観を見出した。倫理学の祖であり、論理学や生物学の基礎となる知識の全体像をとらえようとした。

これは直接彼が言い出したことではないが、「形而上学」という言葉もアリストテレスから始まった。アリストテレスの死から三世紀後、アンドロニコス〔紀元前七〇年頃のアリストテレス学者〕は、アリストテレスの膨大な著作を整理しようと思い立った。そう簡単に終わる作業ではないことを知っていたアンドロニコスは、まず動植物など自然科学に関する書物をまとめた。次に、存在、神、世界の創造者についての書物をまとめ、単純に「『自然に関する書』の後にくる書物」と名付けた。

この「後」がギリシャ語の「メタ」であり、「メタ・フィジック」が誕生したのだ。やがて、単に「自然科学の後」という意味が、自然科学を「超えた」概念という意味に変化し、現在に至った。神や、世界の起源、ものごとの存在理由や永遠の魂など目に見える世界を超越した事象についての疑問や研究が、「形而上学」なのだ。

アリストテレス自身が分類したわけではないのだが、三〇〇年後の人が彼の書物を「自然科学の後」の棚に置いたことが原因で、抽象的なことを想像し、考えつづけることが可能になったのだから、歴史の皮肉である。

アリストテレスからのアドバイス

いつも極端すぎるあなた。

天才か無能かではなく、そのあいだに何があるのかを考えたことがあるだろうか。アリストテレスがそんなあなたを救えるかもしれない。両極を考え、その中間を選ぶ彼の考え方が参考になるのではないだろうか。

勇気とは、無謀と臆病の中間にあるという話をもう一度考えてみよう。臆病すぎると、勇敢な行動は取れない。かといって無謀なのも勇気とは違う。何も怖くない、心配したことなど一度もない人がいたとしたら、彼は勇敢ではなく、ただ無謀なだけだ。真の勇気とは、少なくともどこかで不安を感じつつ、それを克服して行動することだ。

アリストテレスの語る知は、実に人間的なもので、いわゆる「形而上学」とは縁遠いものだ。完璧を求めるのではなく、両極端の悪から等しく距離を置くことで、最善を目指す。

古代ギリシャは美を求めた。ここでいう美とは、バランスの取れた中庸で均衡のある美である。アポロンを始め、アテネの街道沿いに建てられた神々の像は、そうした美意識に基づいている。

アリストテレスもまた、自身の行動哲学にこの美意識を取り入れた。勇敢であるには、無謀であることと臆病であることから等しく距離を置かねばならない。そのさじ加減は決して簡単なものではない。人間はその難しい調整を肝に銘じなければならないのだ。

中庸というと、折衷案や中途半端なものと思われがちだが、アリストテレスはその中庸にこそ頂上があるというのである。

アリストテレスの問題発言

「自然によって定められて一対をなしているのは、治者と被治者とのそれであって、これはおたがいの生存を安全にするためのものなのである」

――〔『政治学』田中美知太郎ほか訳、中公クラシックス〕

この言葉を見るかぎり、プラトンとアリストテレスには共通する面もあるようだ。二人とも、人間の不平等を正当なものと考えている。アリストテレスが正当化の理由として示した「自然的」という表現は、許しがたい過ちとされ、彼が現代社会には通用しない古い思想家とみなされる根拠となっている。

詳しく見てみよう。『政治学』の第一巻でアリストテレスは奴隷制を肯定している。それは確かだ。だが、彼が奴隷制を絶対的な立場で擁護しているのではなく、都市の生活における奴隷の必要性を認めているだけだということは、ここだけ見てもわかるはずだ。

市民がアゴラにおける話し合いに日常的に参加し、政治的な議論を重ねるためには、畑を耕したり、収穫した果実を運んだりする「経済活動」を担う使役人が必要だとアリストテレスは考えた。つまり、当初は、経済活動による制約から市民を解放することが奴隷の役割だったのだ。

次に浮かぶ疑問は、何を根拠に生まれたときから自由人と奴隷に分かれてしまうのかということだ。人間には命じるのが得意な人と、従うほうが楽な人がいるとアリストテレスは考えた。好都合なことに、社会を維持するには、命令する人と従う人が必要である。そこで、奴隷制度があれば、お互いに楽ができていいではないか。以上がアリストテレスの説明である。

アリストテレスのこうした考え方は、もはや受け入れがたいものである。生まれながらに命じる立場にある人と従属する立場にある人がいるなんて、理由を説明することができないではないか。

だが、この言説だけでアリストテレスを奴隷の苦しみに鈍感な、非情な人間だとするのは短絡的すぎる。繰り返すが、アリストテレスはリアリストなのだ。奴隷制度は絶対ではなく、奴隷制度自体の悪も承知したうえで、当時の人々の暮らしのなかでは、この制度が双方にとって最も利益を得やすいシステムだと指摘したにすぎない。

彼は、戦争に負けた側の人民を奴隷とするなど「暴力による」奴隷化を非難している。当時の奴隷には解放されるチャンスも大いにあり（アリストテレス自身も数人の奴隷を抱えていたが、晩年、彼らを解放している）、これは啓蒙時代から二二〇〇年前の時代、現代のような人権という概念が存在していない時代の言葉であることも忘れてはならない。

最後にどうしても言っておかねばならないのは、アリストテレスにとって「奴隷」とは「隷従」を意味していたということである。彼が奴隷制を正当化したのは「形而上学的」な理由ではなく、あくまでも「社会的」な必要性による。社会秩序を維持するには、誰かが法を制定し、人々はそれに従わねばならない。

確かに、生まれながらに隷従することが定められているという見解は受け入れがたい。だが、一部の人間が命令する立場にあり、残りの人間はそれに従うというシステムは、今もなお世界各地に存在している。このシステム自体に疑問を抱く人は案外少ないのではないだろうか。

アリストテレスの時代、命令に従うことと奴隷であることは同じだった。現在、たとえば労働者が、雇用契約に応じて、上司の決定に従うのはよくあることだ。もちろん、勤め人には給与もあるし、市民権もある。そのあたりは奴隷と一緒ではない。だが、給与が低く、生活費ぎりぎりの収入だとしたら、奴隷の生活と大差ない。奴隷たちも食事、住居など最低限の生活に必要なものは主人から提供されていた。

さらに世界規模まで、想像を拡げてみよう。多くの西欧人は、自国では人件費がかかりすぎるという理由で、商品の生産拠点を発展途上国に置くことに疑問をもたなかった。われわれが身に着ける靴下や下着を製造する工場で、過酷な労働を強いられている人たちは、かつての奴隷と同様、工場で働くことが生まれたときから決まっていた人たちなのだろうか。

これではアリストテレスの時代と同じではないだろうか。世界的に見れば、一〇億人の金持ちのために、五〇億人の奴隷が働かされていることにならないだろうか。こうした搾取が問題になると、どちらにとってもそれが有益だからというアリストテレス的な弁明をよく耳にする。西欧企業は時間とお金を節約し、発展途上国はこうした経済活動をもとに発展を遂げるという説明だ。

つまり、現代人にアリストテレスを非難する資格はない。アリストテレスは同時代の人たちと比べても、奴隷制について含みをもたせているほうなのだ。国内外の労働市場の現況をよく観察してみよう。遠い未来の人々は、今、私たちが古代ギリシャの奴隷制を非難するように、現在の状況をありえないものとして批判するかもしれないのだ。

3 デカルト

一五九六～一六五〇
フランスの哲学者、数学者。方法的懐疑と、人間の理解の限界と神の存在を証明する暫定的道徳の祖。

デカルトは思考の実験を極めた人である。急進的な思想家としてあらゆる事象を問題にし、疑い、確固たる新たな土台の上に知を再構成しようとした。現在「デカルト主義」と呼ばれている頭でっかちな合理主義とは程遠い人なのだ。

ここでいう実験とは疑うことだ。デカルトはまず疑うことから始める。知の土台となる、どんなに疑っても否定できないものはあるのか、あるとしたら、それは何かを確かめるのが実験の目的である。

リンゴの入った籠がある。ほとんどが腐っている。腐ったリンゴを排除しようとするなら、少しでも傷があるものをすべて排除しておかないと、すべてを捨てることになりかねない。傷のついたリンゴを一つでも見逃せば、あっという間にすべてがだめになる。デカルトならば、すべてのリンゴを一つずつ検品し、無傷のものしか籠には戻さない。たとえリンゴが少なくなっても、合格するリンゴが一つもなくても、手加減しない。

デカルトの特徴はこの徹底にある。確実な土台となるものを特定するには、疑ってかかることが必要だった。だが、疑うこと自体が彼の哲学の目的ではない。この点は、徹底して疑うことだけを考えていたピュロン〔紀元前三六五頃～前二七五頃。古代ギリシャの哲学者〕など、古代の懐疑論者たちとは一線を画す。もちろん、たとえ疑うことが真理を極める「手段」や「方法」にすぎないとしても、デカルトは徹底的に疑う。

世界は本当に存在しているのだろうか。夢のなかでは、存在しない世界をリアルに感じる。ということは、今こうしていることも夢なのではないだろうか。この肉体は、目の前のコップは、本当に存在するのだろうか。触れることができれば、それが存在する証拠になるだろうか。砂漠で喉が渇いたとき、人間はオアシスの幻影を見るという。触れることができても、この目で見たことでも、それが真実だという証拠にはならないのではないだろうか。砂漠で幻を見る人と今の自分にどれだけの違いがあるだろう。つまり、感覚は信用できない。デカルトは蠟を例に「錯覚」を説明する。

封蠟(ふうろう)は硬くて冷たい（触覚）。うっすらとではあるがどちらかといえば良い匂いもする（嗅覚）。赤っぽい色（視覚）、食品ではないが、口に入れると不味いことがわかる（味覚）。

だが、ここでデカルトは、この封蠟を火にくべ、感覚の「言う」ことなど頼りにならないことを示そうとする。火のなかに入れられた蠟を想像してほしい。すべてが変わる。さきほど五感で得た情報はもはや真理ではない。形状が変わる。蠟は熱くてやわらかい。もう触ることも難しい。匂いが変わる。色や形もさきほどとは違う。口に入れることもできない。では、蠟の本質とは何だったのか。

われ思う、ゆえにわれあり

真理を説明しようとすると、まず感覚がとらえたことはすべて排除しなければならない。必要なのは、思考、「《精神》による観察」である。何もかも疑ってなお残るのが思考であり、疑うという思考である。

となると、最も確実なものは、疑っている自分である。どんなにすべてを疑っても、自分は今、疑っているのだと考える自分がいる。それだけは確実だ。何もかも疑ったところで、疑っている自分だけは消えない。今、この存在が夢ではないのは、砂漠で渇きのあまり見えてくる幻影よりも現実味があるのは、考える自分があるからだ。

いや、砂漠で渇きに苦しむ人だって、確実なものが一つある。あのオアシスは幻影かもしれない。だが、彼が周囲のすべてを疑いはじめたとき、一つだけ確実に存在するのは、疑っている自分なのだ。デカルトの有名な言葉「われ思う、ゆえにわれあり」はこうして生まれた。

デカルトの徹底した合理性は、この「ゆえに」にある。というのも、多くの人は特に意識することなく、感覚を盲信しがちなのだ。

さらに言うと、この「ゆえに」が大事なのは、思考、そしてその先にある哲学というものが濃厚な実存体験であることを示しているからである。

いや、思考とは存在そのものだと言えるかもしれない。デカルトはキリスト教的な省察の長い伝統を引き継ぐと同時に、古代哲学における精神鍛錬の後継者でもある。省察にしろ、鍛錬にしろ、単なる神学的な思弁を超え、人が自分を鍛え、よりよく生きようとするトレーニングなのだ。デカルトは、現在「デカルト的」と言われているものとは少し違っており、ある意味ではのちの「実存主義」を先取りしている一面もある。

急進的な良識派・デカルト

デカルトの抱える矛盾は、彼の二冊の著書『省察』と『方法序説』の両極端な内容と、その対比によく表れている。まず、すべてを疑い、世界の存在にさえ疑念を抱く、急進的な側面があり、もう片方には、現在「デカルト的」とされている慎重で、進歩的な良識ある側面もある。

この二つの特性は混じり合うことも少なからずあるのだが、わかりやすくいうと、『省察』のほうが急進派で革命的なデカルト、『方法序説』のほうが慎重で、良識派、伝統を守るデカルトだ。デカルトにとって良識は「世の中で最も広く共有されているもの」であった。

彼は、一六三七年に『方法序説』をラテン語ではなく、誰もが読めるようにフランス語で書いた。そして、よりよく考えるため、偏見の餌食にならないために四段階で考える方法を説いた。そのシンプルさは実に驚くばかりだ。彼によると良識をもつための思考ステップは四つある。

一つ目は、確実なことから出発すること。最初に出てきたものや表面的な事実に飛びついてはいけない。注意深く考え、慎重に検討したうえで確定した根拠が必要なのだ。つまり、ある程度時間をかけ、一度疑ってみたうえで、それでも確証が揺らがなかったことのみを真理とする。

二つ目は、問題を分解、分析して考えること。複雑な問題に直面したときは、まずいくつかの単純な問題に分解してみる。たとえばうまくいかなくなってしまった夫婦。実に複雑な問題だ。問題を理解するために、まずは、いくつもの要素に分解してみる。景気、相性の問題、経済的な問題、セックスの問題、二人が共有する将来の計画などを個別に考えてみるのだ。

三つ目は総合する。分析し、複雑な関係にある個別の要素を見極めたあとで、もう一度全体を俯瞰し、本質をつかむ。夫婦の例に戻るなら、社会的な状況や経済的な問題が原因ではなく、むしろ相性の問題、つまりは二人の性格の不一致によるものだという結論になるかもしれない。

四つ目の作業は、ほかに考慮し忘れた要素がないか確認することだ。夫婦がうまくいかなくなったのは、予定より早く子供ができてしまったせいもあるのではないだろうか、など。

以上、四つの思考ステップを見るかぎり、特別に画期的な要素は感じられない。同様に、デカルトは数学の証明においても、常に二段階の作業が必要だとしている。定理が明白ならば、まず直観によって、定理を受け入れ、次に推理する。とりあえずは自分を疑うのだ。現在、考え方の硬直した人が「デカルト的」と称される傾向があるが、こうして見ていくと、デカルトの印象もだいぶ違ってきたのではないだろうか。

こんな良識あるデカルトが、なぜ、一方ではあれほどまで必死に神の存在を証明しようとしたのだろうか。生涯にわたり、人間の知性の限界を見定めようとしたのに（もちろん、間違いがないように、基本的な手順を踏み、時間をかけて真理だと証明できるか吟味したうえで限界を確定する）、最終的には無限という概念そのものの存在を示すことになってしまったのだろうか。

矛盾は単に表面的なものでしかない。デカルトは人間の知性の有限性から神に至ったのだ。より正確に言うなら、人間のなかには無限という概念として、神が存在するというのが彼の出発点だった。無神論者でも、少なくともこの点までは受け入れられるのではないだろうか。私たちは無限である。それは無限という抽象的な概念をもっているからだ。

一方でわれわれの思考は、自分たちがこの世の有限な存在であるという自覚から出発しているとデカルトは言う。われわれは、有限という概念を自分たちが知る有限のもの、自分たちの有限の知性に基づいて構築している。だから、人間が自分たちだけで考えるかぎり、無限という概念にはたどりつけない。よって、われわれのもつ無限という概念は、有限の存在を超えたものから与えられたものである。つまり、神は存在する。

これが「存在論的証明」と呼ばれるデカルトによる神の存在の証明であり、アンセルムス〔一〇三三～一一〇九。神学者、哲学者〕の影響を色濃く受けている。アンセルムス自身も著書『プロスロギオン』のなかで、神という概念から演繹法で神の存在を証明している。抽象的な思考の実験という意味で、デカルトは彼の後継者であり、有限な人間が無限という概念をもっているのはなぜか、という単純な発想から出発し、誰にでもわかる段階的な検証を経て、無限の存在である神が必然の存在であることを示そうとした。

もちろん、理性を重んじるデカルトの本質と信仰の折り合いはどうなるのかという問題は残る。『方法序説』であげた最初のステップは「確実なことから出発する」だった。数学的な真理も最初の明証を土台にしている。

そもそも私たちはどうしてそれが明白な証拠だとわかるのだろう。デカルトならこう答える。神が人間に「生得観念」を授けた。そのおかげで私たちは第一確証を認識できるのだと。

だが、もし「生得観念」によって、段階を追い神の存在証明に達するのならば、神のおかげで神の存在を証明することになってしまう。これでは存在証明というより、仮説をもてあそんでいるだけではないだろうか。

有限の知性と無限の意欲

神の存在論的証明が説得力のあるものかどうかはともかく、無限と有限をめぐる弁証法的な考察は常に繰り返され、多くの人を惹きつけている。人の思考には限界があるが、無限という概念は存在する。思考に限界があっても、人間にはもう一つ限界を知らない力があるとデカルトは言う。どんな力だろう。

想像力のことではない。人はしばしば自分たちが無限の想像力をもち、純粋なファンタジーの世界をどこまでもつくりあげられると思っているが、それは誤りである。デカルトに言わせれば、想像というのは常に現実に存在するもの、自分で経験したことを組み合わせているだけなのだ。

ピンクの象を想像する。奇想天外な発想だ。だが、デカルトにしてみれば、ピンク色を見た経験と、ふつうの象を見た経験を組み合わせたものにすぎない。想像力は無限ではない。既知のものを超える想像はありえない。

感性でもない。感覚によって得る情報は限定的なものだ。そもそも人間には、フクロウほどの視力もなければ、犬ほどの嗅覚もない。

知性にも限界がある。無限の世界へと到達する力は、ただ一つ意志の力しかないとデカルトは結論する。確かに、私たちは今よりも多く、今よりも高くと求めつづける。無欲ではいられない。善でありたいという欲もある。つまり、神になりたいという欲が人間を神に近づける。

人間には二つの特性がある。有限の知性と無限の意欲だ。人間には有限（知性）と無限（意志・意欲）が共存している。デカルト主義とは、無限と有限の弁証法なのだ。

有限の知性と無限の意志というあらたな人間像からデカルトを考えると、彼の提唱する思考方法についても納得がいく。特に、自由な哲学という意味において、彼がとても独創的な哲学者であったこともおわかりいただけるだろう。

実際、もし神が人のなかに「生得観念」を授け、人間の多くが良識を得ているとすれば、なぜ私たちはこうもしばしば過ちを犯すのだろうか。それは私たちが自由だからだとデカルトは答える。この自由があるからこそ、わたしたちの意志と知性は必ずしも嚙み合わないのだ。

つまり、わたしたちの意欲が無限なので、私たちはあれもこれも欲しがり、知性が設定した限界を超えることまで言い出してしまう。人が自分の知らないことまでつい口走ってしまうのは、知性が止めるのを聞かず意志が暴走するからだ。意志が理性を超えて決断してしまうのは、自由のせいなのだ。神のせいではない。私たちが過ちを犯すのは、私たちが知性によって限定された世界にとどまっていられないからだ。デカルトの意志についての思想は実に巧妙だ。人は無限の意志をもつゆえに神にも近づけるし、失敗もする。

だが、当然とはいえ、本当の意味での自由とは、知性と意志を調和させて生きることにある。理性に導かれたうえで、意志を貫く。デカルトは理性の仲裁を受け入れ、熟考のうえで選択する力、欲望と距離をおく力を「自由意志」と呼んだ。

ここでも意志の力が重要になる。理性による調整が終わるまで欲望を抑えておく意志が必要なのだ。知性による選択を受け入れる意志も要る。知性と意志がかけ離れたものであることも、その二つのあいだでできるかぎり折り合いをつけることも、実存的な経験なのだ。

デカルトは何度も不当に告発されている。直近の例をあげよう。現代人の環境破壊の大本をたどると、デカルトに行きつくという説がある。デカルトは物理学者でもあり（「慣性の法則」の名付け親は彼だ）、人間を「自然の支配者であり所有者」であるとした。

デカルトには、「物理学者（フィジシャン）」であると同時に、「形而上学者（メタフィジシャン）」の側面もある。そんな彼にとって自然とはただ素材が並んでいるだけのものであり、神的なものでも聖なるものでもなかった。つまり、自然を知り、技術の発展とともに人間の生活環境を改善し、生活の質を高めるのは当然のことだった。

だが、もう一度繰り返すが、デカルトは、思考の実験を重視していた。自然と稚拙な関係しか結べない一部の人間や、植物には目的や意図があるという当時まだ根強かった偏見にあらがうため、デカルトはあえて極端な自説を唱え、同時代の人たちに自然を単なる素材としてとらえ、支配者や所有者の「つもりで」自然に向き合うことを呼びかけたのだ。当然のことながら、デカルトにとって、自然の本当の「支配者や所有者」は人ではなく神であった。

デカルトはたとえ話の名人だ。実際、「何かになったつもりで考える」のは、思考の実験として実に便利な方法なのである。『方法序説』で彼は、「暫定的道徳」として四つの箴言（しんげん）をあげている。不安と向き合うための四つのルールなのだが、ここにも「つもりで考える」がある。

一つ目。その国の慣習に従おう。

二つ目。何かを決断するときは、それが最善策であるというつもりで遂行しよう。

三つ目。自らの欲求を満たすために努力しよう。だが、それができないときは、世界の秩序を変えるよりも、自らの欲望のほうを変えていこう。

四つ目。真理を求めよう。

二つ目の箴言に「つもりで」という表現が織り込まれている。決断が正しいかどうかは神のみぞ知る。私たちは神ではないが、行動せずにはいられない。だから、神になったつもりで、自分を疑うことなく、それが客観的に見て最善の策であると信じて生きるしかない。

実際、それが最善策に「なる」かもしれないのだ。限られた知性を最大限に使って熟考し、ひとたび決断したら、すべての力を尽くして行動に移す。有限の知性というちょっと短めの足と、無限の意志という壮大だが危険を伴う足、両足でバランスを取り、転ばないように歩いていく。器用に折り合いをつけて進むのが、デカルトの描いた理想の人間像である。

デカルトからのアドバイス

決断できない。優柔不断で事なかれ主義に悩むあなた。

ころころと意見が変わり、決められないあなた。

『方法序説』にデカルトのこんな言葉がある。「優柔不断は悪よりも悪い」

デカルトは森で迷った男を例にあげている。森を出たければ一つの方向を選び、ひたすら歩くしかない。何度も方向を変えてぐるぐる同じところを歩いていたら、いつまでも森から出ることができず最悪の結果を招く。

あなたが決断できないのは、絶対を求め、完全な解決を求めるからだ。必ず結果に結びつく確実な方法が欲しいから、決められない。だが、私たちが暮らし、活動している世界は絶対の世界でも、永遠の真理の世界でもない。

アリストテレスがとっくの昔に言っているように（デカルトが八歳のときに、ラ・フレシュの神学校で最初に学んだのがアリストテレスの哲学だ）、形而上学的哲学と行動哲学は分けて考えなくてはいけない。形而上学的な視点で考えるなら、絶対や完全も存在しうる。

だが、道徳や生活のなかで哲学が目指すのは、絶対や完全を求めることではなく、行動の指標をつくることである。だからこそ、デカルトは暫定的道徳を提唱した。絶対に確実なものを求めていたら、一生何もできずに終わってしまう。森のなかでさまよいつづけるだけだ。絶対に確実な光を待つうちに、飢えや寒さで死んでしまう。

だから、今を生きる私たちは不確実であっても行動することが大事なのである。簡単なことではない。だが、それが人間に与えられた条件なのだ。私たちは真理のなかに生きるわけではないし、神様でもないのだから。

デカルトの問題発言

「動物たちがわれわれよりもうまく多くの事柄をやってのけることは知っていますが、それには驚きません。というのも、そのことさえも、われわれの判断がわれわれに今何時であるかを教えるよりも、それをはるかによく示してくれる時計と同様に、彼らがぜんまい仕掛けで自然に動いていることを証明するのに役立つからです」

——〔『デカルト全書簡集』〈第七巻〉、知泉書館〕

これがデカルトの「動物機械論」である。一六四六年ニューカッスル侯への手紙に書かれた一文だが、動物を機械にたとえる発想はすでに『方法序説』にも見られる。「支配者であり、所有者であるつもり」の人間と動物機械論を結びつけて考えると、デカルトは現代のエコロジストから敵視されてしまいそうだ。

もし動物が機械でしかないのならば、動物は苦しまないし、どんな残酷な動物実験をしてもよいということになる。そんなわけでデカルトは天然資源の乱獲、濫用を煽ったとみなされ、動物虐待の扇動者に仕立てられてしまったのだ。

こうした非難の背景には、デカルトの言葉への誤解がある。デカルトは動物が機械であると言ったわけではないし、動物は苦しまないとも言っていない。その身体機能を説明するために機械にたとえただけである。

さきほどの「支配者であり、所有者であるつもり」と同様、ここでも「つもり」が重要になる。馬の心臓の仕組みを説明するときに、わかりやすくするため、馬を機械になぞらえ、心臓をポンプにたとえる。心臓から送り出された血液が馬の全身をめぐる様子をイメージするためだ。だが、たとえ心臓がポンプのようであっても、馬は機械ではない。馬は馬である。

動物機械論が、動物の本当の姿を知らず、動物の苦痛に鈍感な人間である証拠のように解釈されているのは誤解である。誤解を解くために、デカルトが人間についてもおおむね同じことを述べていることを指摘しておこう。

デカルトによると人間もまた、その肉体の機能については、メカニズムとしてとらえることができる。機械にたとえて説明するのがいちばん近道なのである。デカルトは、歯車の位置と連携によって成り立つ時計のように、すべての身体活動を各臓器の機能と連携によって説明しようとした。この考え方はすでに時代遅れだし、（精神状態が身体機能に与える影響がまったく配慮されていない点など）誤っている部分もあるが、デカルトの動物機械論が命の軽視とは別物だということはわかってもらえるだろう。

動物の肉体は、人間の身体と同様、機械に「なぞらえる」ことで説明できるし、彼が人間よりも動物の肉体のほうが機械に近いと考えたのは、動物の身体機能のほうが「優秀」だからだ。動物の身体は、自然や本能に従って正確に機能する。

一方、人間は行動が「自由」であるがゆえに、動物よりも機能不全に陥りやすく、機械としてはあまり優秀とは言えない。デカルトの文言は一見、時代遅れに思えるが実はとても近代的で、二十世紀の精神分析学者にも通じるものがあるのだ。

4 スピノザ

一六三二〜一六七七
オランダ人哲学者。ラビ〔ユダヤ教の指導者〕になることを目指し、タルムード〔ユダヤ教の経典の一つ〕を研究したのち、「森羅万象」としての神を考え、一神教の完全否定に至る。破門され、追放され、顕微鏡のレンズの研磨という最先端技術によって生計を立てていた。

スピノザの才あふれる著作を簡潔に紹介しようとすると、まずは、神の定義を一新させた「神とは、絶対に無限なる実有、言いかえればおのおのが永遠・無限の本質を表現する無限に多くの属性から成っている実体」〔スピノザ『エチカ』〈第一部・定義六〉畠中尚志訳、岩波文庫〉という言葉が浮かぶ。

次に浮かぶのは、人間の幻想に対する厳しい批判である。せっかくなので、この二つをともに彼の特徴としてあげておこう。そもそも、幻想を徹底的に批判しつづけることで、スピノザは一神教の否定にたどりついたのだ。

これまでの神のあり方を否定し、無神論者として破門されるに至ったスピノザの思想が、迷信を批判することから始まったと聞いても何の驚きもないだろう。スピノザは迷信のはびこる仕組みを見事に解明して見せた。

自分の感情（希望、不安、もしくは希望と不安のあいだで激しくかき乱される気持ち）に説明がつかず、答えが見つからぬことに耐えられなくなると、人はその感情を架空の存在のせいにしたくなる。感情の本当の原因がわからない場合、神というものがいて、今、自分が置かれている状況には何らかの理由があるのだと思うことで自分を納得させようとする。

幻想批判者・スピノザ

スピノザによれば、迷信の原因は感情の真の理由を突き止められないことにある。そして、スピノザは迷信批判から、人間にありがちな三種類の幻想にたどりつく。合目的幻想（原因をすべて運命で片付け、何か目的があることだとする）、人間中心幻想（自己中心的な考え方）、神人同形幻想（神々の擬人化）の三つだ。

合目的幻想とは、別名「目的因幻想」とも言われるもので、ものごとを実際には存在しない目的によって説明しようとすることだ。たとえば、雨が降るのは植物の育成のためであるとか、雷が鳴るのは人を罰するためだとか、人間に目があるのは見るためであるといったものである。実際には、植物が育つのは「結果」であって、そのために雨が降るわけではない。目があるから見えるのであって、見るために目があるわけではない。つまり、ちゃんとした原因がわかれば、迷信から抜け出せる。雨に目的があると思い込み、雷に天罰を見出す発想はなくなるのである。

この合目的幻想は、二つ目の人間中心幻想と深く結びついている。「雷は天罰だ」という考え方は、雷にも目的があるという点では「合目的幻想」だが、雷はカタツムリにもモグラにも聞こえているはずなのに、「人間のためだけに」起きていると考えている点では、人間中心幻想でもある。そしてまた、ここには神人同形幻想も含まれている。「神が雷で人を罰している」「雷は神の怒りの表現である」という考え方は、神が人間のように罰や怒りという感情をもつということであり、神を人と同じものとしてとらえている。

当初、スピノザの意図は、人間中心幻想や神人同形幻想と神の存在を切り離して考えることにあった。そこから考えを深めるうちに、神とは何かという問題に出合ったのだ。そして、その過程で、三つの幻想を否定する立場からすると、唯一絶対神はありえないという結論に至る。

「神が世界をつくった」は合目的幻想だ。

「神は人のために自然や動物たちをつくった」は人間中心幻想だ。

「神はその怒り、愛、知識、能力を人に伝える」は神人同形幻想だ。

だが、スピノザの幻想批判はこれだけでは終わらない。スピノザの数年前、デカルトは人間が、欲望に左右されず自由な意志で選択を行なう高尚な意識をもっているとした。これもスピノザに言わせれば自由意志という幻想である。

これを自由裁定の幻想ともいう。人間は自分の行動の原理がわからないがゆえに、自分が自由だと思い込んでいるだけなのだ。決定に至る要因を知らないから、自分の意志こそが自分の行動の原因だと思う。パリ生まれのブルジョワ青年は自分の意志で法学部に入ったと思っているが、それは彼が、社会的な要因が作用する独特のメカニズムを知らないからである。

スピノザは死の直後に刊行された代表作『エチカ』のなかで、自由裁定を主張する人間を、斜面にあり、転がらずにはいられない石にたとえている。人はこの石のように、自分の意志と関係なく転がり落ちていくのに、自分は自由だと信じ、自らの意志で転がっているつもりでいるというわけだ。これもまたスピノザの人間中心幻想批判である。

人間は自然界の法則に従っている

人間は「自然のなかにある国家のなかの国家」ではないとスピノザは言う。言い換えれば、人間は自然界の支配者でもなければ、決定論における支配者でもない。自然界のすべては（石が転がるのも、シダが生えるのも、カタツムリが触角を伸ばすのも）、決定論に従っている。自然界の営みには理由があり、森羅万象のなかに組み込まれている。この森羅万象こそが動植物の営みの原因である。当然、ここには人間も含まれている。

人間が「自然のなかにある国家のなかの国家」ではない以上、もはやユダヤ教・キリスト教の世界観は成立しないとスピノザは考えた。これまでスピノザが継承してきたデカルトの世界観とも意見を異にすることになった。同時に、ユダヤ教・キリスト教では、神はモーゼを通じ、人間に使命を与えたことになっている。これは動植物と異なり、人間が「自然のなかにある国家のなかの国家」とされているからである。

つまり、それまでは、決定論に従い、自分の意志では何も決められない自然界のなかにあっても、神の天命があるからこそ、人は道徳的なルールに従いながら、ほかの動植物とは別のシステムのなかで暮らすことができるのだと考えられていた。

デカルトにおいても、人間は「自然のなかにある国家のなかの国家」であった。素材がずらりと並ぶ自然のなかにあって、機械のような動物に囲まれ、ただ人間だけが、自由意志と良識をもっているというのがデカルトの人間観であった。

自由意志という幻想への批判は、人間の行為の独立性という幻想に対しての批判でもある。世界から抜け出し、世界に働きかけ、世界を変えることができるとされてきた人間の行為は幻想でしかないとスピノザは言う。

なぜなら、スピノザによると人間は受動的な存在だからだ。より正確に言うなら、「行為をなす」存在である前に、「受ける」存在であるということになる。森羅万象のなかにある人間は、必然的に免れようがなく、自然界の影響を受ける。当然のことだろう。私たちは自然界のなかにある。

となると、人間の欲望も考えも、自然界の法則に従っているだけなのではないだろうか。もし私が性欲を覚えるなら、それは私が自然に属しているからであり、自然界の営みに参加しているからではないのか。

思考もまた同じではないのか。思考は性欲ほど本能的なものではないが、これもまた自然界が私を通じて考えているのではないか。私は森羅万象の一部である。よって、私が欲することとは、森羅万象が欲していることであり、必然的なものである。

こうしてついに道徳観という幻想にたどりつく。善悪の概念は、森羅万象の外に出ることができ、自然界の決定論から逃れることができる人間の特権であり、自由な意識にしか存在しないはずだった。

自然界には善も悪も存在しないのだ。シダが生えるのは善ではなく、ライオンがレイヨウを食べようと悪ではない。よって、道徳の存在しない自然界で、善悪の観念をもつのは人間が特別な存在である証しだと考えられてきた。だが、スピノザにとっての善悪は自然界の現象としての相対的な善悪であり、絶対の善悪ではない。

さきほどの性欲の例で考えよう。性欲それ自体は善でも悪でもない。その一方で、性欲は状況によって善にも悪にもなる。誰かを求めることは、時に活力や高揚、スピノザが「活動能力の増大」と名付けた状態を引き起こし、喜びの源となりうる。

一方で、満たされない思いが、苦痛や悲しい気持ちを引き起こすこともある。欲望それ自体は良いものでも悪いものでもない。欲望が生活に役立ち、人生を豊かにする場合もあれば、そうでない場合もあるということだ。

情動（パッション）を選ぶことはできない。情動の語源は受難であることからもわかるだろう。情動によって突き動かされ、行動の力が生まれ、人生を充実させることもある。だが、いつもそうとはかぎらない。

では、悲しみなどのネガティブな結果を生む情動と、喜びを生むポジティブな情動の違いは何だろう。すべては、私がその性欲を自分が自由な証しととらえるかどうかで変わってくる。

もし、私が自らの性欲を、自分が自由であり、知性ある人間の自由な選択のうえでの欲望だとみなすなら、こんな欲望をもつことは不適切だと思い、悲しくなったり、苦しんだりするだろう。そして、もし私が欲望の対象として「選んだ」人が私を拒絶したら、自分に与えられた自由に限界が示されたと考え、自分の選択がいけなかったのだろうかといら立ち、不快に思うこともあるだろう。

だが、反対に、自分の性欲は自然界の法則が自分のなかで働いているのだと考え、性欲は人間という種の生存本能に基づき、性欲それ自体は必要なものだが、私が今、目の前のこの人と性的関係をもつことに必然性はなく、男性も女性も性欲があって当然だが、双方が同時に性欲を抱くとはかぎらないことを理解し、この性欲それ自体に罪はないとすれば、たとえ相手に拒絶されても少しは納得がいくのではないだろうか。

さらに、自分の性欲を意識することができ、それが常に満たされてしかるべきものではないと理解していれば、自分を律することができることに満足できるのではないだろうか。

情動は受動的なものであるが、それを理解することで人は能動の側にまわる。情動がどういう意味で必然なのかを知れば、それに振りまわされずに自由に動ける。自由に動けることは喜びだ。スピノザはこの喜びを「より小なる完全性からより大なる完全性への変化」としている。人は知ることで変化する。

思考により神に迫る

スピノザは生前、たった一冊だけ本を出し（『神学・政治論』一六七〇年刊）、スキャンダルを引き起こし、その後一切の著作活動を断念した。だが、彼は単に幻想を打ち砕いただけの人ではない。

確かに、スピノザの幻想批判は、のちのニーチェやフロイトに通じるものである。『偶像の黄昏』などを記したニーチェ、『幻想の未来』で父としての神という幻想を指摘したフロイトはスピノザに影響を受け、「破壊的な（脱構築的な）」怒りを見出したのかもしれない。

だが、スピノザ自身はこうした幻想を指摘しただけで、それを否定的にとらえたわけでも非難したわけでもない。スピノザ哲学は、喜びと知識の哲学である。喜びの最上級を目指した哲学だと言ってもいい。

神についての不適切な思い込みを次々に暴いたうえで、スピノザは神を「自然」もしくは、私たちすべてが属する「森羅万象」と再定義する。神が自然のなかにあるわけではなく、神そのものが自然であるとし、「神即自然」という言葉で表した。

その意味で、スピノザ哲学は、自然のなかに神々を見出す汎神論とは異なる。神そのものが無限の自然であり、無限の素材によって「無限の属性」をもつ「無限の実体」を表出する。

だが、人間は肉体と思考という、そのうちの二つの属性にしか触れることができないのだ。たとえば動物や昆虫のなかには、無限の実体の別の属性に触れることができるものが存在するかもしれない。もっと言えば、どこかの星の宇宙人が、われわれには知ることができない神の属性をとらえているかもしれないのだ。

人間が「自然のなかにある国家のなかの国家」ではないというのならば、その可能性だってないわけではない。昆虫も、もしかすると異星人も、人間と同じ神即自然として共存しており、彼らが人間には想像もつかない方法で神にアクセスしているかもしれない。その可能性がある以上、人間は「自然のなかにある国家のなかの国家」ではいられない。

スピノザが活動していた時代、人間の思想は進化し、科学による神の解明が始まっていた。近代科学は十七世紀に誕生したのだ。以来、自然は、物体の落下やアルキメデスの発見した浮力の原理のように、普遍的かつ必然的な法則で構成されていると考えられるようになった。

こうして、神=自然は、科学の対象となり、理解することが可能になっていく。自然界にあてはまる普遍的な法則を科学的に解明することは、思考によって神に迫ることであり、ただ祈るだけよりも神を深く知ることができる。感情ではなく、理性で神を理解するのだ。

ここが斜面を転がる石と人間の違いである。確かに、人間は欲望をもち、思考するが、石と同程度の「自由意志」しかもっていない。それでも、人間が石と異なるのは、自分の欲望は自然の営みとして必然であること、思考もまた森羅万象による必然であることを人間は理解できるからだ。

人と石の違いは自由にあるのではなく、認識にある。決定論を知っていることにある。それを知っているからこそ私たちは自由になれるし、能動的になれるのだ。認識によって、人間は「自分たちが永遠である」という実感をもつ。実際に、不死の肉体を得ることはない。だが、永続的で必然的な自然の法則に触れることで、思考により、永遠に触れることができるようになるのだ。これをスピノザは「至福」と呼んだ。

必然的原因からものごとを知り、神を理解し、神を通じて人間を理解する。こうした過程を経ることで、ある意味では、人間は神的な存在に到達する。この段階で、人はようやく受け身ではなくなり、能動的になる。決定論を科学的に知ることで、私たちは最上級の喜びを得て自由になる。

スピノザ哲学は、受動を能動に変える方法なのだ。自分たちに起こる現象の原因を知れば、人間は能動になる。なぜなら、知ることを可能にする存在として自分たちをとらえることができるからだ。理性による「至福の喜び」によって、私たちは自分が理解したものと一つになる。神と一つになることもできる。

これを「共生」という。何か一つを理解すれば、その知識とともに新しい自分が生まれるのだ。

『エチカ』が、幾何学の定理を思わせる体裁や、「定義、定理、証明」という形式で書かれている理由もこれで納得がいくのではないだろうか。迷信や推論からわれわれを救うことができるのは科学だけだ。科学の知識が神＝自然を知ることを助け、森羅万象としての神に参加できるようにしてくれる。

スピノザが、哲学の歴史のなかでも特異な存在である理由はここにある。スピノザは当時としてはあまりにも現代的であり、その一方で、非常に古典的でもあるのだ。

のちにニーチェが主張する攻撃的な破壊論や、フロイトが指摘した無意識の欲動を先取りしている点では、いかにも近代的である。人間の欲望を「コナトゥス」〔内在する原動力〕や「欲求」としてとらえ、人間が生物であり、自然界に属するからこそ、「生存本能」としての生命力をもっていると認めた点も近代的だ。後年、ニーチェの言う「力への意志」やフロイトの「リビドー」にも通じる発想である。

だが、世界を変えるのではなく、世界の受容の仕方を変え、世界を理解しようとするあたりは、ストア哲学〔倫理学を重視した古代哲学の一派〕の焼き直しのようでいかにも古めかしい。永遠の原理や法則を知的に経験することで、永遠に到達し、人間には変えられない真理と一つになろうと説くところも古くさい、要するにプラトンっぽいのである。

スピノザからのアドバイス

自尊心を傷つけられてつらいあなた。

悲しいのならば、哲学の先には喜びがあるとしたスピノザの助言に耳を傾けてみないか。スピノザは悲しみを「人間がより大なる完全性からより小なる完文庫〕。

全性へ移行すること」と定義した〔『エチカ』〈第三部諸感情の定義三〉畠中尚志訳、岩波

悲しい気持ちのときは、世界があなたに作用し、あなたの活力を減退させているのである。あなたを悲しませているものが、周囲の環境だろうと、あなたのしでかした失敗のせいだろうと、傷ついた自尊心のせいだろうと関係ない。それよりも大事なのは、あなたが外から影響を受けていること、つらい思いをしていることなのだ。そして、スピノザの助言に従えば、受動から能動に転じることで悲しみに対抗できる。

どうすればいいのか。世界を変えるのは無理だ。神を変えるのではなく、神を理解することで悲しみに立ち向かう。悲しみから抜け出すには、悲しい気持ちの原因を知ることから始めよう。本当の原因を知ることは「より小なる完全性からより大なる完全性」へと転じることなのだ。

スピノザ風に考えてみるといい。信奉者になる必要はない。スピノザの決定論に従わなくてもいい。ただ、ひと時だけでも、悲しみと正面から向き合い、

それを喜びに変えること、その理由を理解するという試みに立ち返ってみよう。

どうして生きているかぎり、悲しみを避けられないのか。自尊心が傷つくことは避けられないのか。スピノザ風に言い換えるなら、どうして、自尊心が傷つくことは、「森羅万象における必然」なのか、いや、とりあえず人生において必然と言えるのか。

もし、スピノザが現代に生きていたら、きっと、精神分析に携わっていたにちがいない。どうしてこうならざるをえなかったのかを理解することには、特別な喜びがあるのだ。

スピノザの問題発言

「恋愛は外因による喜びである」

スピノザにとって、良いことも悪いこともわれわれを動かしているのは神（神モードと言ってもいい、人間を通じた神の表出）である。私たちは神という自然、森羅万象のなかに生きているのだから、当然、その影響を受ける。スピノザは憎悪と愛という二つの特別な感情をそこから説明しようした。

憎悪は「外因という観念を伴う悲しみ」である。私が悲しいのは（より大なる完全性からより小なる完全性になってしまうのは）、私のやり方がこの世界に適応していないから、私は労働市場における価値を失ってしまった高齢者だから、失業者だから、生きる力が衰えてしまったから。

だが、悲しみの理由が「他者」と結びついたとたん、私はその「他者」への憎悪をつのらせる。それが本当の原因でなかったとしても関係ない。憎悪は、それがまったく無関係のものであったとしても、当人が自分の置かれたつらい状況の原因と認識したものに向けられる。それが本当であろうと嘘であろうと、「こいつのせいだ」と思ったが最後、そいつは私の憎悪の対象となる。

スピノザは愛も同様に「外因という観念を伴う喜び」と定義した。私たちの愛は、喜びの原因となる相手を愛情の対象とし、その喜び（より小なる完全性からより大なる完全性への移行）は、その愛情の対象とは何の関係もないということになる。それが実際に喜びの原因であろうとなかろうと、喜びの原因だとみなした相手が愛情の対象となるということだ。

スピノザは、この定義において、愛とは活動能力の増大と喜びであると強調している。つまり、喜びの有効性が第一義なのである。ほかは「あとから」来るもの、もしくは「おまけ」扱いなのである。即座に二つの反論が浮かぶ。

一つ目の反論。破滅的な恋や悲恋は、愛ではないのだろうか。「より大なる完全性からより小なる完全性へと移行する」のを承知で人を好きになることはないだろうか。そうなると、スピノザの愛の定義は当てはまらないではないか。もちろん、スピノザ流に考えるなら、そんなのは愛ではないという切り捨て方も可能だろう。

二つ目の反論。スピノザの定義が正しいのなら、相反するケースを愛という同じ言葉で呼ぶことになってしまうのではないだろうか。スピノザによると、愛の対象となる人物は喜びの本当の原因ではない可能性もあるが、私が喜びとこの人物を結びつけて考え、喜びの原因だとみなしさえすれば、それは「愛」である。

さて、その人物が喜びの真の原因ではなかった場合をケースAとし、真の原因だった場合をケースBとしよう。この二つのケースで、愛はまったく同じ愛なのだろうか。

ケースAの事例。私は充実した日々を送っており、何をやってもうまくいき、仕事上も成功している。スピノザ的に言うなら、「より小なる完全性からより大なる完全性へと移行」し、喜ばしい状態にある。そうした喜びに加え、相思相愛の相手がいる。

私は日々の喜びをその相手のおかげだと思っているが、実はその相手は私の喜びとは関係ない。となると、私はいったい何を愛しているのだろう。相思相愛の相手を本当に愛しているわけではないのか。

ケースBの事例。私が愛する相手は、その関係性およびその特性により、実際に私を幸せにする力、「より小なる完全性からより大なる完全性へと移行」させる力をもっている。愛は、確かに、私の生きる力（喜び）を増大し、外因という観念と結びついている。

だが、これは、私一人の力ではなく、愛する相手が、私の喜びにポジティブな影響を与えているからなのだ。私の力が増大したのは、自分の外にいる「他者」のおかげなのだ。その相手は、単に見守ってくれた人や、幸運をともに喜ぶ受益者ではなく、喜びの原因そのものだということになる。そうなると愛情はもっと深まり、強くなり、感謝の念が湧いてくるものではないだろうか。

スピノザは喜びを重視し、愛とは何よりもまず喜びだと強調するあまり、相思相愛の相手が喜びの真の原因である場合、その人が私にくれる幸せを軽視している。神、もしくは神＝自然のなかにある存在だけが真の原理であるとするなら、こうした考え方も無理のないことだろう。

5 カント

一七二四～一八〇四
出生地のケーニヒスベルクだけで一生を過ごしながらも、「私は何を知ることができるか」「私は何をすべきか」「私は何を願うことが許されるのか」というたった三つの疑問を探究することで哲学の歴史を変えたドイツの哲学者。

最初の疑問「私は何を知ることができるか」に答えようとしたのが『純粋理性批判』である。この本が哲学史上、非常に重要な本であることに間違いはない。人間の認識の限界を示すため、カントは間接的ながらも、デカルトや同時代の哲学者スウェーデンボリ（一六八八～一七七二。スウェーデン王国出身の科学者・神学者・思想家）らを批判の標的にした。スウェーデンボリは、単純な理論で神の存在を証明しようとした（彼は天使と「理性的会話」をしたとまで語っている）。カントは彼のそうした態度を科学の精神や信仰の美しさを踏みにじる傲慢さだと非難している。

デヴィッド・ヒューム（一七一一～一七七六。イギリスの経験論者ヒュームは、理性的に証明したつもりになっている人間の知識が、実に多くの場合、単に個人的な経験から導き出されたものにすぎないと力説していた）の著作に大いに感銘を受け、カントは科学的知識に二つの条件を設けた。

一つ目は、その対象が感覚的な経験として出合うものであること。つまり、五感でとらえられるものであること。

二つ目は、人間の精神（知性、悟性と呼ばれるもの）が、感覚でとらえた情報の関係（たとえば因果性など）を分析することができ、純粋に知的な概念がおよぶ範囲内であること。

たとえば、雨が降り、草が生えるのは、人間の悟性の範疇（はんちゅう）に入る。まず、雨や植物は感覚的な経験として認知できる（見たり、触ったりできる）。さらに、因果性という、人間の知識の範囲内で、降雨と植物の育成を結びつけることができる。

ただし、ここで私たちが雨や植物、その関係について知ることができるのは、雨や植物の本質（これをカントはヌーメノン、物自体と呼んでいる）ではなく、雨や植物という「現象」でしかない。私たちが時空のなかでとらえた雨と植物であり、因果関係というプリズムを通して分析できる雨と植物でしかないのだ。カントが革命的なのはこの点である。

革命的哲学者・カント

時間や空間は実際にあるわけではなく、人間の観念のなかだけに存在する（アインシュタインもそう言っている）。因果関係もまた物体ではなく、悟性の産物だ（ヒュームもそう言っている）。

つまり、降雨と植物の育成を結びつけるのは、人間の「知識がもつ力」の投影なのだ（時空間のなかでとらえた事実と因果関係の理解）。私たちはものごとの真理に直接触れるわけではなく、自分たちの基準、人間としての能力の範囲で、科学的「真理」を構築する。これがカント的構成主義である。

科学が私たちに教えてくれることは「間違い」ではないし、時に生活に有益なものであるが、「真理」ではない。私たちは、自分たちの能力の範囲でしか世界を知ることができない。これが『純粋理性批判』の主旨である。

もし、目の前で友人が日射病に倒れたら、私は科学的な因果関係として強い日差しと友人の紅潮した顔を結びつけて考えるだろう。だが、私はこの友人の真理（彼が自分のなかにもっているもの、彼の人格や魂）や、太陽の真理（時空を超えた天体の存在、因果関係とは無縁の原因でも結果でもない存在）について語ることはできない。

カントの意図は明白である。「世界の創造者たる神」は、「私たちが知ることのできる」範疇には属していない。先述の二つの条件の、どちらにもあてはまらない。神も世界も実生活でお目にかかれるものではない。時空間において感知できるものではない（稀に幸運にも出現を目撃する人がいるらしいが）。無限の存在について思考できるだけの知的基準を人間はもっていない。

だが、神の存在を証明できなくても、神を信じることはできる。いてほしいと願い、祈ることもある。さらに言えば、カントのまなざしが美しいのはこの点である。もし神の存在を証明できたら、私たちはもはや祈らなくなるかもしれない。私たちは善であり全能である神がいてほしいと願うことが「許されている」のだ。

そういう意味では、世界（神によって統合された一貫性のある総体）も同じように、あってほしいものでしかない。カントは「私」の存在もまた同じだという（統合されたアイデンティティとしての「私」に日常生活で会うことはないし、鏡のなかに見るのは私の像（イマージュ）でしかなく、たとえ腕をつねってみたところで、それは私の肉体の一部にすぎず「私」そのものではない）。

「何を願うことが許されるのか」という問いにカントは、神、世界、自我と答える。科学に限界があるからこそ、私たちは願い、祈ることが許されるのだ。

こうしてカントの有名な「信仰のための場所を空けておくために、知を廃棄しなければならなかった」（カント『純粋理性批判』中山元訳、光文社古典新訳文庫）という言葉に行き着く。

だが、どうしてわざわざ「信仰のための場所」をつくらねばならないのだろうか。カントの時代は、信仰や迷信に理性が勝利した、まさに啓蒙の黄金時代だったはずではないか。

人間は無限に向上できる

ただの迷信ではない場合に限るが、信仰には、単に願ったり、祈ったりするだけではない価値があり、よりよく生きる、より深く知る、より賢く行動する（これが「何をすべきか」という問いへの答えでもある）ために役立つこともあるとカントは言う。『純粋理性批判』では、統合された世界や神という概念をもっている科学者のほうが、信仰のない科学者よりも自然現象のあいだの因果関係を証明する力に優れていると述べている。

同様に、カントによれば、自我という概念（および永遠の生のなかで無限に進化していく可能性）を自覚している人は、現生においても道徳的に行動することができるのだ。つまり、カントは、宗教を有効な「抑止力」として擁護している。彼は神、世界、自我を「理念（理性のイデア）」と呼んだ。

その前にまず悟性（現象の因果関係など、ものごとの関係性を考える力）と理性（神、世界、自我など抽象概念を考える大原則となる力）の違いを明確にしておかなければならない。

人間は感覚と悟性を通してしか世界を知ることができない。感覚にも悟性にも限界がある。だが、人間のなかにはこの限界を拒み、無限、無制限、無条件にあこがれる部分がある。科学の限界を拒む心がある。矛盾するようだが、これをカントは理性と呼んだのだ。

悟性は「思考する理性」であり、日常的な推測や計算などの能力だ。一方、理性は「反響する理性」である。無限へのあこがれをかき立て、希望を与える。神の存在はありえないことではない。世界は存在し、進化のすえに歴史をつくる。自我は存在し、永遠の命を得るのかもしれない。そう願うことはできる。

だが、注意すべきは、この「理念」は「抑止力」としてこそ有益だが、「教条主義」に陥る危険もある。神という概念をもつことと神が存在することは同じではない。神という概念を教条的に用いると、神は実在するという仮定を他者に押しつけることになる。世界や世界の進化という概念を悪用すれば、世界は勝手に進化していくものだと思わせ、より良い社会を目指す意志を失わせてしまう可能性もある。

デカルトのように科学的に神の存在を証明しようとすると、知識と信仰を混同することになるというわけだ。カントは知ることも美しく尊い行為であり、信仰もまた美しく尊い行為であると認めたうえで、この二つを混同することを禁じている。カントが人間の「能力」と呼んだものを、すべての側面で花開かせるにはこの二つを分けて考えるべきなのだ。

理性のイデアが「抑止力」として有益に作用するには、それが「信仰」という概念にすぎないという認識が必要である。デカルトも、ライプニッツ〔一六四六～一七一六〕も聖トマス〔一二二五頃～一二七四〕も聖アンセルムス〔一〇三三～一一〇九〕もこの認識をもたなかった。

信仰と知の混同は、神への背徳であり、無知であるとカントは説く。カントは、パスカル〔一六二三～一六六二〕と同様、「神は感じるものであって、証明するものではない」と考える。だが、神の存在を思い描き、理性の抑止力とすることで、存在証明への途をつくることは可能だと付け加えている点ではパスカルと異なる。

三つ目の問い、「私は何をすべきか」についても、カントは『実践理性批判』で「君の意志の採用する行動原理が、つねに同時に普遍的な法則を定める原理としても妥当しうるように行動せよ」〔『実践理性批判』中山元訳、光文社古典新訳文庫〕と答えている。

自身の行為が道徳的に正しいのか、疑問に思ったときは、もし皆が自分と同じことをした場合、社会がどうなるかを想像してみればよい。皆が、自分に都合のいい嘘をついていたら、この社会は成立するだろうか。無理だろう。だから、嘘をついてはいけないのだ。良き行為をしたければ、じっくり考えればよい。

カントは理性的に世界を理解することには限界があるとしながらも、道徳においては、どこまでも理性的に善を追求し、善であろうとすることができるとしている。

思考することさえできれば、誰もが道徳的に行動できる。「何をすべきか」という道徳の問いは、先述の二つの問い、「何を知ることができるか」「何を願うことが許されるのか」にもつながっている。

「科学的に人間を知ることは可能だろうか」。肉体は見ることも触れることもできるし、自然界のほかの生物の肉体と同じ法則に従っている。

こうして決定論が示されたうえで、「何をすべきか」の問いが自由を垣間見せてくれる。善を望み、善行をなす自由が私にはある。誰も私にそれを強制することはできない。だから、自由だ。そして、「何を願うことが許されるのか」という問いへの答えが、より良く生きる手助けをしてくれる。

死んだら無になると思うと、自分勝手な思いを抑えられなくなるかもしれない。だが、自分のなかには永遠に生きる可能性が秘められていると思えるのなら、もしくは、自分は無限に向上していけるのだと思えるのなら、今からでも利己心に打ち勝ち、道徳的に行動しようと思える。そう考えると、三つの問いは、結局「人間とは何か」という一つの問いであると結論したカントの思いがだいぶわかってくるだろう。

カントからのアドバイス

道徳の問題で迷っているあなた。

友人のためなら嘘をついてもいいのか。暴力には暴力で応えてもいいのか。

こうした状況に置かれたとき、カントの道徳哲学はあなたを助け、正しい行動に導いてくれる。

内心の道徳を見出したルソー（ルソーによると、人の心には本来的な善が存在しているが社会がそれを阻害している）に対し、カントは、道徳は感性ではなく理性の問題、実践理性の問題であると説明する。

つまり、理性的に考えさえすれば善行は可能であり、悩んだときでも、それが正しい行動かどうかを判断できるというわけだ。

自分の行為が道徳的か判断に悩んだときは、まずそれが「普遍的か」を自分に問うてみる。カントの言葉を引くなら「自身の行動律」（たとえば「必要があれば躊躇なく嘘をつく」「暴力には暴力で応戦する」など）が、「普遍的なルール」としても成立するかということだ。

答えがイエスなら、あなたの行動は道徳的に正しい。ノーならば、それは正しくない。

嘘についてカントのやり方で検証してみよう。各人が自分の都合で嘘をついても許されるなら、社会生活は成立するだろうか。答えはノーだ。

人間と人間がともに暮らしていくためには信用が重要だ。他人の言葉を一切信じられなくなってしまったら、法律も契約も商売も成り立たず、社会活動が維持できない。

だから、「どんな時でも」嘘は非道徳的なのだ。カントの道徳律はわかりやすく、使い勝手もよく、道徳律に従って、理論的に考察する力さえあれば、誰もが道徳的になれる。理性による善こそがカントの目指したものであり、善は道徳心の問題だと主張するルソーと対立する部分でもある。

カントの問題発言

「好きなだけ、なんでも好きなことについて熟考せよ。ただし、服従せよ」

一七八四年刊行の『啓蒙とは何か』のなかにこんな言葉がある。この言葉を理解するには、まず前後の文脈を押さえる必要があるだろう。場所はプロシア。すぐ隣には、今しも革命が起きようとしているフランスがある。イマニュエル・カントが考察と執筆に明け暮れていたケーニヒスベルクの静かな村にも、革命と自由の嵐は届いていた。

近代的民主国家の誕生以前、フランス革命前のこの時代、国家権力は実質上「考えるな、服従せよ」と言いつづけてきた。長いあいだ、それでちゃんと機能してきたのだ。だが、近代化や自由という概念の発展により、もはやそうしたやり方は通じなくなった。人民を「考えない存在」、「逆らわない存在」とみなすことは、むしろ革命へと人民を向かわせる危険があった。フランスの啓蒙家たちが人民に対し、自由に考えることの大切さや、従属することの不当性を訴えはじめていただけになおさらだ。

こうした革命の嵐を前に、カントをはじめとする保守的な思想家は、巧妙に「考えるのは自由だが、従え」ということで怒りをなだめようとした。蜂起や暴力行為を避けようとしたのか。秩序を守ろうとしたのか。

当然、人々にある程度の自由を与えなくてはならないことは、カントたちも理解していた。だからこそ、従属を維持するための方策として、考えることの自由を認めようとしたのだ。好きなことを考えていい、好きなように考えていい、だが、権力者の命令には従え。

つまり、社会秩序を維持し、暴力的な自然界を離れ、安全に暮らす文明社会を守りたければ、国家に逆らってはならない。いやむしろ、考える自由が欲しいならば、国家に従えという意見もあった。革命が起き、秩序が乱れ、原始的な弱肉強食の世界に戻ったら、自由に考えることもできなくなるという発想である。カントは、「考えるのは自由だが、従え」と言った。

二〇〇〇年代、フランスの歌手のフロラン・パニーは、税務署の命令に従い、滞納した税金をようやく支払ったのち、カントの言葉に応えるかのように、「私の思想の自由はあなたの持ち物ではない」と捨て台詞を放った。

さて、「思想の自由」とは何だろう。どんな思想だろう。課税は不当だとか、国家は盗人に等しいといった考えだろうか。いや、そんなことはどうでもいい。思想が正しいかどうかではなく、自由かどうかが問題なのだ。思考は人を自由にし、その自由によって人は制約を納得して受け入れる。それが重要なのだ。

思想の自由まで制限されたら、人々は一気に暴力的解決に向かうだろうことをカントはよく理解していた。別にフロラン・パニーをけなすつもりはない（彼は自分の音楽によって税額以上の収入を得ているわけだし、人気や収入を得ることが発言の目的だったのかもしれない）。思想の自由を否定するわけでもない。ただ「思想の自由」という言葉の裏には様々な意図がありうると言っておきたかっただけだ。

一つ目は、行動の下地をつくるための自由な思考を促す意図。アリストテレスのいう熟議は、目的を達成するための最良の方法を探求することを指していた。ここでいう目的とは実践、行動のことだ。

二つ目は旧套墨守（きゅうとうぼくしゅ）、うわべの自由を認め、現状の受け入れを促す意図。さて、カントはどちらの意図でこの言葉を使い、同時代の人々に呼びかけたのだろう。「好きなだけ」考えろと言っておいて、だが、それを行動に結びつけるなという哲学者の姿に失望する人は少なからずいるだろう。思考が世界を変えることが哲学、なかでもカント哲学だと思っていたのに、なんだか裏切られたような印象をもつかもしれない。

カントの言葉を文字どおりに受け取るなら、自由に考えるということは、ただ考えるだけで、行動を伴わなくてもいいという意味での自由にすぎず、隷属を肯定することになってしまう。自由を容認すると見せかけるのはいかにも偽善的で、隷属を隷属として強制する以上に悪質にも思える。

だが、一つだけ言っておきたい。カントはこの言葉を同時代の人たちに投げかけたのであって、すべての人に向けて書いたわけではない。もしかすると、彼はこのとき、同時代の人々がまだ政治的な不服従を実行できるほど成熟していないと思ったのかもしれない。そして、いつか進化のすえに、思想の自由を政治的に行使する日が来ると想像していたのかもしれない。

もちろん、それでも疑問は残る。カントは、哲学においてのみ革命的だったとして、政治信条ははたしてどの程度、保守的だったのだろうか。

一七八四年の時点ではわからなかったその答えは、一七九三年刊行の「法論」〔『人倫の形而上学』所収〕で明確になる。フランス革命の暴力性に対し、反感を抱いたことが彼の政治姿勢にも影響したのだろう。以降、カントははっきりと硬化し、保守的な態度が決定的になる。どんな場合も法を順守すべきであるとし、秩序を守るためには何を犠牲にしてでも常に従順であれというわけだ。

6 ヘーゲル

一七七〇〜一八三一
ナポレオンと同時代を生きた、プロテスタント派のドイツの哲学者。キーワードは、「歴史の終焉」と「芸術の死」。

ヘーゲルは歴史を、形而上学、美学、政治、宗教などすべての分野で、真理が段階的に進化していく過程としてとらえた。歴史の終わりとは、歴史がその原初より目指してきた最終形に到達した時点を指す。

形而上学的に見ると、歴史の始まりにおいて、《精神(エスプリ)》(ある種の神、絶対、自由、ヘーゲルが『歴史における理性』において理性と呼んだもの)は、感情そのもの、もしくは自然そのままの本能(原初の自由)であった。

だが、《精神》は、人間の価値を漠然と感じるだけでは満足できない。《精神》は不安を感じ、自分が何であるか客観的に知りたいと思う。この不安が人間の進化の原動力となっている。その価値を客観的に意識するため、《精神》

は自然という、自分から最も遠い存在（神による世界の創生に似ているが、ヘーゲルの神は全能の神ではなく、不安な精神である）と対比させ、そのなかで徐々に自己の理想を実現する。

自然が精神化する過程としての歴史

歴史とは自然が徐々に精神化する過程であり、人間の歴史（文明）や自意識の獲得が様々な段階を経て完成に向かう過程なのだ。

歴史は《精神》が自意識を高めていく過程をなぞるように進化していくとヘーゲルは『精神現象学』のなかで書いている（『精神現象学』とは《精神》が徐々に世界のなかで客観化され、現象になるということである）。

そして、歴史が最終点に到達すれば、《精神》は鏡を見るかのように、世界（＝精神化された自然）のなかに自らを見出すというのだ。ヘーゲルに言わせると、世界の終わりとは彼が生きているその時代だという。

だからこそ、ヘーゲルは今、目の前で終わろうとしている歴史の意味を解明すべく尽力した。彼にとって歴史の意味とは、原初には抽象的な概念でしかなかった自由が、近代的な法治国家のもとで実体として成立することだった。

歴史の終点とは、この世の終わりではなく、ただ単純にこれ以上改善の余地がないところ、歴史の完成形、確固たる政治力と、経済面および社会面での自由が最良の形で結びつき、人々が最も幸福に暮らせる国家を意味していた。たとえ歴史の終点に到達しても、人々は生きつづけるし、愛し合い、別れ、人間として存在しつづけるだろう。

淡々としているようだが、むしろ、ここからが問題である。もはや歴史の意味を求める必要がなくなってしまうのだから。終点以降の人間は、「ポスト・ヒストリック」と言われる。うまくいけば、彼らは数千年かけて歴史が結実させた自由を享受しつづけることができるだろう。最悪の場合は、何もすべきことを見つけられず、探そうともせず、ただ退屈に過ごすことになる。

ニーチェは『反時代的考察』で、ヘーゲル派哲学の歴史観を批判し、それ以降の人たちは「遅れてきた」あわれな存在にされてしまったと指摘している。要するに、生まれるのが遅すぎたため、すべてはすでに完成しており、何もすることが残されていないというわけだ。

美学の面でも、芸術史は進化の過程ととらえられ、すべての芸術は感覚的なものから精神性の高いものへと進化していく。芸術史の大まかな進化過程（エジプト、インド、中国の象徴芸術から始まり、ギリシャの古典芸術、キリスト教のロマン主義芸術への進化）は、人間が信仰、価値観、神を体現していく手法の進化としてとらえられる。

人間は、まず子供のような顔で笑う象の姿をした神様（ヒンドゥー教の象徴芸術によるガネシャ神の表現）に自分を重ね、やがてギリシャ文明では、アポロンという端正な顔立ちの完璧な姿（古典芸術の彫像）を崇め、そしてキリスト教において人はようやく神が純粋な精神であり、動物や人間の姿をしておらず、形づくることができないものだと理解した。

つまり、神性とはラファエロの描いた「フォリーニョの聖母」でイエスを見るマリアの愛情あふれるまなざしに垣間見られるものでしかないのだ。要するに、芸術史もまた、精神の進化、自意識の高まりの歴史であるといえる。ヘーゲルにおいて、ものごとは常に《精神》と人間の関係で説明される。いかにも形而上学的な表現に抵抗があるのならば、芸術の歴史は、人が「絶対」や「神」を表現する手法を進化させてきた過程を示しているという言い方もできる。

歴史の原初には、自然界の具体的な存在に神を見出し（象のガネシャ、エジプトにおける太陽信仰）、やがて徐々に精神というものを理解しはじめる。だからこそ、歴史の始まりにおいて芸術は非常に重要なものだった。自分たちの求める神が象や太陽を超えた存在であり、簡単には具象化できないものだと理解するには、笑う象やまぶしい太陽の姿を借りて精神を表すことが必要だったのかもしれない。

だが、ひとたび人間が精神の存在を理解すれば、芸術は歴史において最初の役割を失う。ヘーゲルはこれを「芸術の死」と呼んだ。もちろん、芸術家が一人もいなくなるわけではないが、普遍的な歴史の進化のなかで芸術が重要な役割を担う時代はすでに終わったというわけである。そして芸術に代わって、精神の本質を表すのが哲学であるとヘーゲルは言う。

こうした歴史観は、政治分野でさらに明確化されていく。ヘーゲルは『歴史における理性』で、歴史の原初において「自由な人間はただ一人しかいなかった」と書いている。初期の東洋における大帝国の暴君またはスルタンだけが自由だったと言うのだ。

歴史が次の段階に進むと、自由な人間は一人ではなく複数になる。人民全体ではなく、一部の特権階級による合議制が生まれたギリシャやローマの初期民主政治がこれにあたる。

そして、キリスト教文明が誕生する第三の段階に入ると、少なくとも法的にはすべての人間が自由になる。ヘーゲルにとって、フランス革命およびそれに続くナポレオンの時代、特にナポレオン法典は、近代法として日常生活にも使えるかたちで自由の理想を実現したものであった。

ヘーゲルは『法哲学要綱』のなかで「法の体系とは、実現された自由の王国である」〔『法哲学講義』長谷川宏訳、作品社〕と書いている。こうした政治的、法的な進化もまたヘーゲルにとっては、時を経て精神（自由）の意識が高まったことを意味している。

『歴史における理性』（『歴史における理性』）とは、理性には歴史があり、何世紀にもわたる長い時間をかけて生み出されたものだということを示している）から引用すると、「ナポレオンは、馬に乗った世界精神」であり、偉人には歴史をそのゴールに向かって前進させる力があるという。ヘーゲルによれば、ナポレオンは、自由の実現という勝利に向け、歴史を加速させたのだ。

野心家・ヘーゲル

要するに、芸術、宗教、政治、哲学は同じ一つの歴史を異なる言語で語っているだけなのだ。政治とは、初期に芸術が美を通じて表現していたもの、宗教が信仰を通して人間に目覚めさせたもの、哲学が抽象概念に高めたものを法というかたちで実現したものである。

ここでいう哲学とは、当然、ヘーゲル哲学である。ヘーゲルは哲学者のなかでもかなり野心家のほうであると言える。彼は森羅万象について考えようとした。その点ではスピノザに近い。だが、永遠に続く自然界に森羅万象を見出したスピノザに対し、ヘーゲルは歴史、時間を軸に森羅万象を見ようとした。

過去の蓄積を経て、過去を超越していくというヘーゲル特有の思考方法は、ヘーゲルの弁証法と呼ばれている。ヘーゲルは自分の生きる時代の「歴史」が、超人的精神の最高点であるとしていたが、これを人間中心に読み替えることは可能だろう。神でさえその存在価値を証明するには歴史という膨大な時間が必要であったとするヘーゲルの思想は、人間にもまたあてはまるものではないだろうか。

精神が、自分が何であるかを知るためには、他の存在（異なる素材）が必要だった。つまり、ヘーゲルは「自分とは別の者」との出会いについて考えさせようとしているのかもしれない。それがヘーゲル哲学のほかにはない特性なのである。

ヘーゲルからのアドバイス

言いなりになるのがいやで、動けなくなってしまったあなた。

この行為が本当に自分の意志によるものなのか、自分が選んだことなのかわからないという理由で、行動することを諦めてしまったあなた。

ヘーゲルの助言に耳を傾けなさい。

「この選択は、生まれながらの性質や社会に促されたもので、結局のところ自分には選択の自由などないのではないか」。こんな自由についてお決まりの、そして当然といえる疑問に対し、ヘーゲルは単純かつ純粋に自由という概念をひっくり返して考えることを提案する。

ヘーゲルが革命的なのは、人間の自由を行動の源ではなく、行動の結果として定義したことだ。「精神」ですら、その存在を行動によって証明しなければならなかった。

確かに、自由は原初から存在した。だが、原初の自由は主観的で不明瞭なものであり、時間を経て、ようやく客観的かつ実質的に存在を認められるようになったのだ。

人間に関して言えば、自由とは行動の手段ではなく、行動することによって生まれるものなのだ。この転換は画期的だった。

行動する前に何時間も悩む必要はない。まず行動し、そのあとでそれが自らの自由の証しとなるのかを検証するのだ。

もしあなたが自分を自由だと感じないとしたら（精神分析、社会学、経済学などの人間科学の研究からすれば、それはむしろ健全なことだろう）、こんなふうに考えればいい。自由とは単に主観的な感情のことではなく、行動や現実として「客体化」されるものなのだと。

自分は不自由だと思うならば、それもよし。自由とは状態を指すのではなく、獲得するものなのだ。実際、人は自由ではない。だからこそ自由になりたいと思う。さあ、行動せよ。

ヘーゲルの問題発言

「アフリカは世界史に属する地域ではなく、運動も発展も見られない」
――〔『歴史哲学講義』長谷川宏訳、岩波文庫〕

南といえばエキゾチック、東といえば歴史の始まりの地であるが、進化の到達点は西にあり、東ベルリンまでが東だとさえ考えがちな西洋哲学の横暴さと軽蔑をこの言葉に見出したくなるのはわかる。それでも、ちょっとばかり努力してみてほしい。

歴史とはヘーゲルにとって、真理や精神に到達する過程であった。ここでいう精神とは、数世紀を経てその本質を自認するようになった近代の「神」であり、自由という概念である。

歴史全体の価値は、それが終焉した時点、完成したときに判明する。そうして完成した国家で人はようやく人として万全の生を生きる。

つまり、ヘーゲルに言わせると、アフリカには、北部を除き、「普遍的な歴史にふさわしいレベルの」法治国家が存在していないということになる。国家が存在しないと、文明社会の価値を客観的、理性的、法的に認識することができない。

また、個人の価値を認めることも不可能である。個人の存在を認めるには、まず個人を超えた存在、国家の存在が前提となり、国家がなければ個人の尊重も成り立たない。

たとえば、主観的な感情、恋愛感情は、結婚という契約を通じて「具体化」し、正式なものとなる。

当時のアフリカに法はなく、弱肉強食の法しかないから、「自由」は存在しないとヘーゲルは考えた。歴史とは自由の「生成」である以上、アフリカには歴史がない。アフリカは、普遍的な精神の要求を満たしていない。以上がヘーゲルの言い分である。

さらに、アフリカにおける国家の不在は、ヘーゲルにとって人知を超える存在への信仰の不在であり、一神教の不在でもあった。

ヘーゲルよりもずっと昔にもヘロドトス〔紀元前五世紀、生没年不詳。古代ギリシャの歴史家〕が「アフリカ人は魔術を使う」と書いていた。妖術には、神へのイニシエーションはなく、道徳的な信仰もない。ただ自然界の力に訴える能力をもつ妖術師がいるだけだと考えられていた。

超越した存在を意識することでしか、人間性の尊重は生まれないとヘーゲルは考えた。だから、彼にとって、アフリカは野蛮で残忍だったわけだ。

国家がないと個人の尊重はない。一神教がなければ国家は成立しない。ヘーゲルの歴史観において、政治とは、これまで宗教が担ってきたもの、初期には芸術の力を借りて象徴させてきたものを法として具現化することだった。最後は、「遅れてきた」哲学が、これまでにつくられたものを考察する役目を背負う。これこそがヘーゲルの言いたかったことである。

東から始まり、西で終わる歴史のなかに、南の入る余地はなかった。神や個人の自由の歴史には、多神教や部族単位で伝承される妖術は含まれていなかったのだ。

さて、ヘーゲルへの批判は二段階に分けて考えなければならない。まず、純粋に歴史的な視点からの反論。一神教はアフリカにも存在するし、ヘーゲルの時代にもすでに存在していた。個人を超えた存在という概念もあったし、そこでは個人も尊重されていた(親族集団、部族、法治国家もあった)。

次は哲学としての反論だ。ここには森羅万象について考えるときに注意すべき点が示されている。まず森羅万象が存在し、そこから多様性を考えていかねばならない。森羅万象とは文字どおり「すべて」が含まれる。

逆の場合はどうだろう。理性の歴史にもアフリカの入る余地はないのだろうか。真理という大きな物語にもアフリカは参加していないのだろうか。

アリストテレスのようにまず多様な個別のケースを研究し、そのうえでようやく森羅万象に組み込まれているかどうかを問うた哲学者たちならば、答えは違ってくるだろう。

7 キルケゴール

一八一三〜一八五五
存在のパラドックスを唱え、ヘーゲルの理性についての考えに反論したデンマークの哲学者。

一八三一年、ヘーゲルが死んだ年にキルケゴールはコペンハーゲンの大学で神学を学びはじめた。すべてはこの一文で言い尽くしたようなものだ。キルケゴールは神秘的な信仰の騎士であり、時にスキャンダルを引き起こした。いずれにしても「超・理性」として、理性の神学を真っ向から批判しつづけたのがキルケゴールである。

ヘーゲルにとって存在とは、思考のなかに真理を見出すものだった。一方、キルケゴールにとって存在の真理は、生きた時間の濃密さにあり、思考の対象とはならない。ヘーゲルは、理解することに情熱を注いだが、キルケゴールは理解不能なものへの情熱をかき立てる。

ヘーゲルにとって、神秘は思春期に見られる典型的ロマンティシズムでしかなく、言語によって客観化されることで明確になる以前の曖昧な感情でしかない。だが、キルケゴールは、神秘こそが、秘められた本質に近いものだとしている。

反哲学的哲学者・キルケゴール

この点において、キルケゴールはニーチェと並び、反哲学的哲学者だということもできるだろう。キルケゴールやニーチェにとっては、理性でつかみきれないものこそが重要だったのだ。

同じ神秘でも、キルケゴールは神の神秘へと向かい、ニーチェは神亡き世界における人生の虚無へと向かった。それでもこの二人に共通するのは、否定するでも馬鹿にするでもなく、理性から逸脱するものと向き合う姿である。キルケゴールにとっては「おののき」であり、ニーチェにとっては悲劇的な笑いであるにしても、真正面から挑む姿は同じだ。

私たちの存在が具体的なものであるがゆえに、抽象概念から真理を引き出すことはなかなか難しい。抽象概念は最終的にシステム化される。少なくともヘーゲル派はそう考えていたし、キルケゴールの時代はまだヘーゲル哲学が優勢だったのだ。

ところで、人間の存在はそれぞれに異なる。抽象的な思考は客観性を目指す。だが、人が見ているのは主観的な真理だ。人間の意識というのは「今、ここ」のものであり、分裂、疑念、躊躇がつきものだ。私たちは時間のなかに生きており、変化のなかにあるため、外から眺めることができない。抽象的な思考によって真理をつかむことは難しい。抽象思考は常に永遠の真理を夢見るものなのだ。

キルケゴールが主張するように、キリスト教の永遠の真理さえ、ある瞬間、ある場所に現れる。そもそもこれがキリスト教の最も深遠で最も理解しがたい、最も物議をかもしている点である。なにしろ「永遠」であるはずのものが「今、ここ」にあるのだ。では、永遠は「今」始まるのか。永遠に始まりはあるのか。キルケゴールの場合、最初に実存がある。実存の前には何もない。サルトル〔一九〇五〜一九八〇〕の実存主義「実存は常に本質に先行する」につながりそうな発想である。だが、サルトルの実存主義が無神論に基づくものであるのに対し、キルケゴールの存在論はキリスト教に根ざしている。人間の有限性、つまり人間は時間や罪から逃れられない存在であると自覚することが信仰への入口になる。

キルケゴールにとって、宗教は、まず人間としての存在を前提としていた。これもニーチェに通じるところだが、キルケゴールは、知識の重みが人間を小さな存在にしていることを常に残念に思っていた。彼は、自らの知識にうぬぼれ、そのくせ生きているうちに強烈で真摯な実存の意味を知ることが少ない過去の哲学者たちを軽蔑していた。

その点、ソクラテスは実存の人であった。いや、古代ギリシャの哲学者の多くがそうであった。彼らの生き方は、自身の哲学そのものであり、キルケゴールの時代ではもはや狂人扱いされそうなほど激しい生き方であった。

キルケゴールは書いている。「古代ギリシャでは、哲学の青年期によくあるように、まずは抽象的な思考、実存から離れることに難しさがあった。だが、今や、難しさは逆転した。実存に到達することのほうが難しいのである」(『哲学的断片への結びとしての非学問的あとがき』)。そこで、キルケゴールは人間を頭でっかちな知識から解放し、存在することの意味を問いなおすのが自身の使命だと思うようになった。

キルケゴールにとって、存在とはまず苦悩することであった。次に、絶望することだ。苦悩と絶望、この二つこそが神の恩恵に達する条件になる。苦悩するのは、自由だからだ。

自由は、自らを苛むように人を苦しめる。あれもこれもできないから苦しいのではない。あれもこれもできるなかで、自分が決めなくてはならない。一人きりで、疑念や躊躇、不安や震えのなかで、行動すべきか否かを選ばなければならないから苦しいのだ。

サルトルは、キルケゴールを宗教家とみなし、哲学者として認めていなかったが、『存在と無』のなかで、キルケゴールに触れ、「不安は自己についての反省的な把握」〔サルトル『存在と無』〈第一巻〉松浪信三郎訳、ちくま学芸文庫〕であるとしている。キルケゴールはサルトルと同様、苦悩を人間の条件と位置づける。人間は自由を与えられているが、その自由の使い方を知らず、どの選択肢も強制されぬまま、ただ選ぶことを強いられる。

キルケゴールはヘーゲルと常に対立しつづけていた。それでもキルケゴールの不安についての考え方には、ヘーゲルの影響がはっきりとうかがえる。人間というもの、「自我」を完成させるには絶望が必要なのだ。多少の聡明さをもち、分かちがたい核としての「自我」という幻想にしがみつくことを諦めていても、それでもなお、私を絶望させるのは、私が私でいることは不可能であり、そこから逃げることもできないという現実である。

一方で私は私ではなく、ただ不安や激情といった状態の連続でしかない。突きつめてみれば、私と自我のあいだには距離があり、私は常に私を見ている。

だが、他方では、私は自我を捨てることもできない。常にとらえられない本性を求めつづけるしかないのだ。

キルケゴールは自身の哲学的著作、特に『あれかこれか』（一八四三年）、『誘惑者の日記』（一八四三年）、『不安の概念』（一八四四年）、『哲学的断片』（一八四六年）などを異なる筆名で刊行している。彼は、私は常に私ではないと示そうとしていたのかもしれないし、他者が私を通して語るときにこそ、私は私であると言いたかったのかもしれない。

サルトルやラカン（一九〇一～一九八一。フランスの哲学者・精神分析医）も指摘しているが、この点がキルケゴールの実に現代的な部分である。私は他者を受け入れることで、より明確な私になり、他者に向かって開かれたとき、他者が私を語るのを許すときにしか私は本当の私でいられない。

キルケゴールは実存を三段階に分け、『誘惑者の日記』のなかで詳しく説明している。これを読むと、キルケゴールがヘーゲルの何を批判し、ヘーゲルの理性的システムに対するロマン主義の反動をどう見ているかがよくわかる。

実存の第一段階は「美学の段階」であり、これを体現しているのがドン・ファンである。快楽を追求し、より強い刺激を求めつづける。この世には何の意味もないのだから、せめて享楽に身を投じることで、虚無を忘れようとするのだ。これがロマン主義の美学である。「絶対」が存在しないとなれば、常にその瞬間だけを重要視するしかない。ニーチェも同様に、凝縮された一瞬を生きることで、ニヒリズムから抜け出し、生の神秘に触れられるのではないかと考えた。

第二段階は「倫理の段階」である。簡単に言うなら、ドン・ファンが結婚することだ。倫理的選択は、刹那的で不安定だったものを、時間的・継続的に登録し、主観のなかにとどまっていたもの（一瞬の情動でしかなかった愛）を客体化する（証人の前で婚姻契約を交わす）ことである。

この「美学」から「倫理」までの二段階はヘーゲルの思想にもあった。キルケゴールはヘーゲルに比べ、個別性を重視しているものの、ロマン主義の限界や、主観が客観的認識を得ることの必然性といった指摘は、ヘーゲル哲学に通じるものである。

信仰とはすなわち絶望

さて、キルケゴールがヘーゲルを攻撃し、理性を批判し、その独自性を示すのは、次の「倫理」から「宗教」へ進む段階である。キルケゴールによると、「倫理」の段階にとどまるかぎり、人間の意識は幸せになれない。意識、つまり良心は苦しみに満ちており、主観的な感情を社会的、客観的に認められてもそれを喜ぶことができない。罪の意識があるからである。ちなみに、罪の意識について、ヘーゲル哲学ではほとんど言及されてこなかった。

ユーモアについても同じことが言える。キルケゴールによると、ユーモアは、非情なまでに対象と距離をおくことであり、救いになることもあれば、悲劇を生むこともある。結局は、何か別の解決策が必要になるのだ。そこで、ようやく「宗教の段階」に至る。

「宗教の段階」において人はもはや一瞬ではなく、継続的時間でもなく、永遠や神を個人として、固有のものとして身近に感じることを求める。

実存を満喫するには、「もう一つの絶対」に出合う必要があった。与えられた役を生き、一般的なルールに従い、倫理の名のもと順応主義に縮こまっていては、個を十全に生きることができない。唯一神の前にあるときだけ、私は私になれる。倫理だけでは、私は自分のなりたい私にはなれない。ただ一般的な命令に従うのみで、自分と切り離されたままである以上、絶望は消えない。信仰の飛躍だけが人を真理に近づける。

だが、神と生きるという経験は、翻訳不可能な、計り知れない、言語に絶するものであり、言語や哲学の限界を示すものでもある。「倫理的実存」や「信仰の超理性への飛躍」は宙に身を投げるようなものであり、時に倫理すらも捨てなくてはならない。

たとえば、言われるがまま息子を殺して神に捧げようとしたアブラハムのように、信心を証明するためには、不条理を受け入れ、理性を捨てる覚悟がいる。

キルケゴールは、これを「信仰における倫理の目的論的停止」と呼んだ。

ここがヘーゲルと決定的に違うところだ。ヘーゲルにとって信仰は正義であり、歴史や哲学によって時間をかけて正当化されるものであった。だが、キルケゴールの「宗教的段階」は、正当化されえぬ方向に向かうこともあり、それこそが個人の決定であり、信仰の自由だというのだ。神を信じなければならない理由などないし、そこらじゅうに悪や暴力があふれているからこそ、信仰は純粋なる希求として、誰にも門戸を開いているのだ。

キルケゴールは、ヘーゲルの理性的信仰に対し、不条理な信仰を説く。ヘーゲルはその理性哲学によって、歴史が徐々に神を具現化していったとし、神の存在における主観的な不確実性を最小限に減らそうとした。だが、キルケゴールは、われわれは確実性の前にいると反論する。神への信仰は不条理だという確信があるからだ。信仰とは、すなわち絶望なのである。

ヘーゲルは理性が信仰を育むとし、キルケゴールは、理性への絶望が信仰を生むとした。こざかしい理性は捨て、理屈をつけて安心したがるのをやめ、目を閉じて、神秘と向き合え。「すべてが停止し、思考が死に至り、言葉が沈黙し、もはや説明がつかないとき、ついに嵐が訪れる」。信仰へと「身投げする」理由が一つも思い当たらないとき、なぜ自分は今ここで覚悟を決めることになったのか、まったくわからないとき、幸せになれる理由が客観的には何も見つからないとき、私は初めて本当の喜びを見出す。

難解だろうか。確かに簡単ではない。これこそがパラドックスなのだ。理解も説明もいらない。もし、理解や説明が可能ならば、もはやパラドックスは存在せず、人生の神秘も再び、ヘーゲル的な総括のなかに消えてしまうだろう。

キルケゴールからのアドバイス

決められないあなた。決断できない。選べない。

まずは、選択と決断は別のものだと理解するところから始めよう。選択は理性的な判断であり、説明できるものだ。

だが、決断には、理性を超えたものが作用する。なぜそちらに行くのかわからないまま歩き出し、ふと訪れる一瞬の狂気が行き先を決めてしまうこともある。マンションを買うためにローンを組むのは選択であり、結婚するのは決断だ。理系コースに進学するのは選択だが、一年休学して世界旅行に出るのは決断だ。

デカルトの言う自由意志は選択についてこそ当てはまるが、決断については当てはまらない。自由意志とは、理性的に裁定することであり、複数の欲望から、最も優先的に満足させるべきものを選ぶことだからだ。

だが、「決められないことこそが最悪の選択であること」もデカルトは知っていた。アラン〔一八六八～一九五一。フランスの哲学者、評論家、モラリスト〕は、デカルトのこの指摘を引き、「行動の秘訣は、まずやってみることだ」と書いている。

確かに、結果が確信できるまで行動を控え、良い選択をするために論証を重ねることを正当化していたら、結局何もできないまま終わってしまう。疑念があっても踏み出すこと、それは決断であり、選択ではない。決断は科学ではなく、芸術なのだ。論証よりも直観であると言ってもいい。

大きな決断を下したことがある人はみなこう言うだろう。その日、なぜかわからないけれど、そんな気になったんだと。傍から見れば、あらかじめわかっていたかのように、その選択、いや決断にしかるべき理由があるかのように見えるかもしれない。だが、実際のところ、わからないのだ。そもそも、わかっていたなら決断は必要ない。

信徒たちはしばしば、神を信じることを「選択」したと思い込んでいる。だが、彼らは「決断」のことを「選択」と言っているにすぎない。選択とは、理性的な論証に耳を傾け、論理的な結論を引き出すことである。決断とは、自身の内なる動きを感じ取り、時に理性を犠牲にしてでも心の声に従うことなのだ。これが「信仰の超理性への飛躍」なのである。

神を信じなければならない理由などないのに、神を信じるのは私が自分で決めたからだ。それは宙に身を投げることであり、たとえそれがどんなに不条理で、常軌を逸したものであっても、神の命令に従い、息子を殺して貢ごうとしたアブラハムのようにふるまうことなのだ。キルケゴール自身が、突然、少なくとも表面上は明確な理由もなく、愛するレジーナ・オルセンとの婚約を破棄したのも、これと同じことかもしれない。

どんな決断にも、宙に身を投じるような気持ち、自分の存在を強く意識させるような狂気と自由の瞬間があるはずだ。一方、理詰めで納得ずくの選択は正しいものであっても、味気ないのである。

キルケゴールの問題発言

「筆名で書かれた本にあるのは、一語として私の言葉ではない」

言い換えれば、すべて彼の言葉なのかもしれない。なにしろキルケゴールを読むかぎり、「私」の本質は常に他者から来るものであると理解できるからである。

ここで言う他者とは、自分の父、神様、自分がそうありたい姿、過去の自分、神父や教師、うっとりさせてくれる歌手など様々だ。

パスカルは死の間際に、自分を埋葬するときは、上着の内ポケットに「彼の」最も美しい文章を入れてくれと頼んだという。彼はあらかじめ文面も用意していた。誰もが、パスカルは自身の記した文章を選んだのだと思っていた。だが、パスカルが亡くなり、埋葬時に彼が用意したテキストは聖書の抜き書きだとわかった。

「彼（にとって）の」最も美しいテキストは、「彼の（書いた）」ものではなかったのだ。だが、それは何よりも「彼らしい」一節だった。

人間にとって「自我」とはそういうものなのではないだろうか。自分らしさとは、他者に向かって開かれた部分にしかないのだ。ここでいう他者とは、神であろうが、他人であろうが、筆名によってつくりあげた別人格であろうが関係ない。自分の声を聴くためには、どんな時であれ、他者の存在が必要なのである。

8 ニーチェ

一八四四～一九〇〇
反哲学、反ドイツ的なドイツの哲学者。「神の死」と「永劫回帰」の提唱者。

一八七〇年に最初の本を出してから、精神に異常をきたして一八八八年に活動を終えるまでのあいだ、ニーチェは非常に精力的に執筆し、次々と多様な本を発表した。なかには矛盾する内容の作品もあり、その活動をひとことで言い表すのは難しい。

そこでまずは、年代別ではなく、その主題によって彼の作品を三つのグループに分けてみる。ほかの哲学者と異なり、ニーチェを三つの側面から語るのはある意味、当然とも言えるだろう。

ニーチェは、人格や性質について各人の奥底には常に変わらない確固たる核があるという考え、つまりアイデンティティという概念そのものを批判していた。彼以前ならヒューム、彼以降ならサルトルぐらいしか肩を並べるものがいないほど徹底した批判だ。彼にとって、アイデンティティとは、心地よい幻想でしかなく、私たちの肉体は、常に様々な本能がうごめく劇場のようなものだという。

複数の顔をもつ哲学者・ニーチェ

さて、最初のニーチェは形而上学者としてのニーチェだ。著作として該当するのは『悲劇の誕生』の一冊だけ。彼はここで普遍的原初的真理について語り、ディオニュソス（ワインの神であり、欲望と陶酔の神）という名を与えている。ディオニュソスは、「最も深いところ」で格闘しながらもエネルギーに回帰するというのがニーチェの定義だ。

この普遍的真理は、間接的な形、表面的な形を通してしか人の目には見えない。この表面的な形をニーチェはアポロン（美しい様式と外見の神）と呼んだ。

形而上学者ニーチェによると、オイディプスをはじめとする古典悲劇は、アポロン的な様式のもとで、この世界のディオニュソス的な真理を提示している。

ここでいうアポロン的表現とは、劇場における上演そのものだけではなく、役者のセリフにおける言語表現や、伴奏に使われる音楽も含んでいる。つまり、芸術には、美的な形で、人々に真理を見せるという役割があるのだ。

ここからニーチェの有名な「私たちが芸術をもっているのは、私たちが真理で台なしにならないためである」〔『権力への意志』原佑訳、ちくま学芸文庫〕という言葉が出てくる。真理には善も悪もなく、世界は狂気と逸脱の陶酔でしかない。人間の恐怖と苦しみは、神からあらかじめ与えられたものではなく、ただ私たちの存在そのものが悲劇なのである。それがニーチェにとっての真理だ。

こうした真理と直接向き合ったら、私たちは生きてゆけない。だが、幸いなことに私たちには芸術がある。ギリシャ演劇はこの真理を私たちが耐えられる形、むしろうっとりするような形で垣間見せてくれる。

だが、第二のニーチェは最初のニーチェの対極にある。第二のニーチェは破壊者としてのニーチェ、ありとあらゆる偶像を壊すニーチェである。ここでいう偶像には、形而上学、宗教、科学、言語、そして芸術や哲学までが含まれている。辛辣な批判によって、ニーチェは、精神性や文明を気取ったところで、偶像と信仰の根本にあるのは、ある種の下等な本能、多くの場合、特に恐怖という感情であることを示そうとした。

こうして真理を信じる人間（つまり、ニーチェ自身がかつてそうだったような形而上学的な人間）は、現実の多様性に向き合うことを恐れ、偽りの真理を崇めることで逃避しようとする弱虫だと批判されてしまうのだ。

ニーチェの目には、科学者もまた自然の森羅万象を統べる法則を明確にしようとするあまり、認識した現象の多様性や豊かさから逃げているように見える。リンゴや木の葉や月がすべて同じ普遍の法則に従っているというのは、多様性のなかに一貫性を求めることであり、むしろ多様性の否定にあたる。つまり、本当の姿を見ようとしていないというわけだ。

すべてをぶち壊そうとしている破壊者ニーチェによれば、哲学もまた生の否定である。哲学的な概念（たとえば、自由という概念）は、多様な現象（人それぞれの自由な生き方、自由な瞬間）を一つの言葉、一つの理性的言語のもとにひとまとめにしてしまうからだ。言葉そのものが多様な現象（様々な形や色のテーブル）を一つの意味（「テーブル」という一語）に集約する機能をもっているのである。芸術でさえも破壊者ニーチェ（『偶像の黄昏』『人間的なあまりに人間的な』『道徳の系譜』）からすれば、生の否定であり、美化することで本質と向き合わない逃げの姿勢だと断罪される。

破壊者ニーチェは「鉄槌の哲学」を主張したが、ここには二つの意味が込められている。まずは偶像を壊す鉄槌である。だが、もう一つ、消化器科の医師が使う小槌のことでもあるのだ。医者は患者の膨満した腹部をこの小槌で叩き、内部の音（不安など、どんな本能が作用しているのか）を聞くことで、中の状態を「診て」病状を判断する。小槌で叩けば、人の頭が、古めかしい理想や生の否定によって、どれほど病んでいるかもわかるというのだ。破壊者ニーチェが自分は哲学者というより医者や心理学者に近いと自認するのもこれが理由だろう。

三番目の顔は、預言者であり詩人であり、説教者のニーチェだ。ニーチェは新時代の到来を告げ、これまでの散文的な哲学をけなし、もっと文学的で、詩的で警句的な言葉（『ツァラトゥストラ』『アンチ・キリスト』）を投げかける。この第三のニーチェは、第一、第二のニーチェよりも難解だが、「永劫回帰」「力への意志」「超人間」といった新たな概念を生み出した。今この瞬間が「永劫回帰」してほしいと思うほど、今この時を強く生き、欲することで、人は超人間になる（「力への意志」は現状を肯定する個人の意志の力という意味合いが大きい）。

彼は「すべての価値の転換」、つまり、ユダヤ教・キリスト教の誤った価値観や意味のないすべての偶像から解放された新しい時代を期待した。新しい時代、人間は「神殺し」をなし遂げ、自らの力や意志を神に投影するのをやめ、ようやくありのままの自分を肯定する力を十全に手に入れる。哲学者の顔は徐々に姿を消し、預言者の顔が現れる。預言者ニーチェは作品や書簡などに

「ツァラトゥストラ」「アンチ・キリスト」「受難者」「ディオニュソス」と何度も名前を変えて登場する。ディオニュソスの名が再び出てきたが、さて、ニーチェの哲学をまとめることはできるだろうか。

もし、ニーチェに一貫性を求めるとしたら、その人生観、つまりは、流れのように、酔っぱらいのように、常にやり直しを重ねる純粋なる変転のなかでも、考えつづける生き方だけはずっと変わらなかったと言えるだろう。プラトン主義や「貧者のプラトン主義」と呼ばれたキリスト教は、確定された永遠のイデア、天国、つまりは真理を約束することで、「今、ここ」の人生を否定してきた。だが、ニーチェは「今、ここ」の生に固執したのだ。

ニーチェからのアドバイス

退屈な人生を生き、何の感動も覚えないあなた。

ニーチェの提唱する「永劫回帰」メソッドを試してみてはどうだろう。

生活のなかの一瞬を切り取ってみる。バスに座っているとき、愛する人にキスをしようとするとき、何かを理解したとき、つけっぱなしのテレビの前で眠ってしまったとき、さて、あなたはその瞬間が永劫回帰、つまり、「永遠に繰り返されてもいいくらい」その瞬間を愛しているだろうか。

もし、答えがノーなら、それは生きる価値のない時間だ。こうして、少しずつ、永劫回帰してもいい時間と無駄な時間が仕分けされていく。これを繰り返すうちに、少しずつ永遠に繰り返す価値のある大切な時間だけが残り、充実した日々を送れるようになる。

ニーチェの「永劫回帰」は充実した人生を生きるための方法として有効なの

だ。もちろん、永遠に生きつづけたいほどの一瞬はそう簡単にあるものではない。また、確かにこのメソッドをとことんやり尽くしていけば、完璧に濃密な瞬間だけを生きることになるが、それはそれで矛盾をはらんでいる。充実した一瞬は、その前後の時間との対比によって、それが充実した時間であると判断できるのだから。

つまり、ニーチェのやり方は、部分的にしか実効性がない。それでもなお、「永劫回帰」という発想は、人生の様々な時間、雑多な作業を価値づけるのに役立つ。どんな時間の過ごし方が最も理想に近い、充実した時間かという問いかけだ。

実は、ニーチェの永劫回帰をこんなふうに読み解いてみせたのは、フランスの哲学者ジル・ドゥルーズ〔一九二五〜一九九五〕である〔ジル・ドゥルーズ『ニーチェ』湯浅博雄訳、ちくま学芸文庫〕。研究者のなかには異論を唱える者もいる。彼らにとって「永劫回帰」は、善も悪も含んだすべて、退屈な時間も充実した時間もすべてが永遠に繰り返されるものだった。あくまでも、ドゥルーズのように、永劫回帰の意味を「選択的」に考えるのならば、という条件付きではあるが、ニーチェはあなたの人生を充実した濃密なものにする助言者となりうるのだ。

ニーチェの問題発言

「やりすぎです」

引用する一文を選べなかったのは、そもそもそれが失言ですらなく、ニーチェ本人の言葉ではないからだ。いや、確かに、『力への意志』はニーチェの著作だ。だが、これは、ニーチェが遺した断片の数々を彼の死後、妹がまとめたもので、改竄(かいざん)も多い。彼の妹は極右的な傾向があり、その夫は反ユダヤ主義の国粋主義者であった。妹夫婦は、ニーチェの言葉を自身の政治信条に引き寄せて解釈し、ニーチェの名声を政治活動に利用しようとした。

かくして「力への意志」は、精力礼賛になり、ニーチェのキリスト教倫理への批判は、反ユダヤ主義へとゆがめられた。「力への意志」は、その後、ナチスの参考書にもなった。そんなわけで、現在もニーチェ本人が書いた部分と妹やその夫が手を加えた部分を判別することが難しく、本当の意味で、ニーチェの言葉として読むことはできないのだ。

9 フロイト

一八五六〜一九三九
オーストリアの精神分析医。ラビの息子にして、精神分析の父、能動的無意識の発見者。

厳密に言うなら、フロイトは哲学者ではない。そもそもフロイト自身は哲学者の大半を信用せず、彼らが人間の本能を美化することに疑問をもちつづけていた。神経医学を学び、精神分析医となったフロイトは、何よりも人を癒やすことを優先させてきた。彼は思想家である前に治療者だったのだ。

フロイトは女性のヒステリー発作の原因を調べるうちに（当時、多くの医者はヒステリー症状を電気ショックで治療できるとし、病理学的研究は進んでいなかった）、リビドーの存在を発見した。リビドーは、無意識のエネルギーであり、抑圧された欲動と結びついている。

フロイトの最大の功績は、能動的無意識の発見だろう。私たちは禁忌と倫理観に支配された文明社会で生まれ育ち、欲動を抑圧してきた。この抑圧の司令塔が「超自我」である。抑圧されたあらゆる欲動は、無意識の奥底、「エス」〔欲動の蓄積される場所〕の奥で、満たされる機会を待っている。

私たちの生の原動力はなんだろう。デカルトは「われ思う、ゆえにわれあり」と答えた。フロイトなら、「リビドーがある、ゆえにわれあり」と主張するだろう。そして、「超自我」と「エス」の矛盾した要求の板挟みになる存在、それが「自我（エゴ）」なのだ。

フロイトから遡ること数年前、ニーチェも『ツァラトゥストラ』のなかで生について、同様のことを書いている。「生自身が、こんな秘密を話してくれた『ほらね、いつも私は自分で自分を克服しなきゃならんのですよ』」〔『ツァラトゥストラ』丘沢静也訳、光文社古典新訳文庫〕。ここでも、生はプロセスであり、エネルギーであり、生命力としてとらえられている。

フロイトは、ニーチェ同様、哲学者にはなりたがらず、むしろ哲学者を批判してきた。だが、このリビドーの発見によって医師フロイトは哲学者となった。

フロイト以降、生、文明、芸術、人間の人間らしさ、言語、解釈、宗教、戦争といった哲学の概念は根底から変わり、新しくなったからだ。

文明は、フロイトによって、自然的な欲動が抑圧されていく過程としてとらえられるようになった。ここからさらに、新たな二つの考え方が生じる。

一つ目は、当然ながら、私たちの欲動、私たちのなかの自然の一部は、文明と相容れない性格をもち、表に出すのを禁じられているという考え方だ。フロイトの著作のタイトル『文明への不満』は、まさにその状況を示している。文明は私たちの一部を抑圧することで、決して癒えることのない傷を負わせ、脆弱さを生む。だが、この脆弱さこそが人間の偉大さでもあるのだ。

もう一つは、文明がこの抑圧された欲求を満足させる代替物を提供しているという考え方だ。それがなければ、文明への不満ばかりが増大し、やがて暴力や攻撃性に結びつく。しかもこの暴力は他人との関係を難しくするだけではなく、自傷行為へと向かうこともあるのだ。

芸術は、欲求を満たす機会の一つとなる。芸術家（たとえばレオナルド・

ダ・ヴィンチ）は、フロイト的に言うなら、創作活動によって抑圧された欲動のリビドー（主に性欲）を爆発させ、間接的に欲求を満たしている。このときリビドーのエネルギーは性的な意味を失い、文明化され、自然の欲求は文化的、精神的なものへと転換される。審美家は、この「昇華」の過程で美意識を発揮するのであり、芸術作品を通じ、抑圧された欲動を文明的な方法で満たすことができる。

芸術は、「文明への不満」を和らげ、エスと超自我の対立を穏便に解決する手段でもある。人間のなかにある自然を抑圧する「超自我」が存在しなければ、「エス」も存在しない。「超自我」が許せるかたちで「エス」を表出させ、なおかつその価値を高めるのが、芸術の特筆すべき点である（「ルーブル美術館へ行って、教養を高めよ」と超自我は言うだろうし、そこで美的感動を覚えることでエスを間接的に満足させることもできる）。

過激な思想家・フロイト

つまり、人間の特性と本性を新たな方法で示したのがフロイトなのである。人間には不思議な転化能力がある。動物は性的欲求を性的にしか解決できない。攻撃性を非暴力的に解決することもできない。だが、人間の欲動は柔軟である。自然界が用意していた解決策とは別の行動、要するに代償行為によって欲求を満たすことができ、当初の目的を回避できる。この代償行為による回避をフロイトは「倒錯」と呼んだ(性的倒錯とは異なるので混同しないよう注意)。

人間は自然の欲求の一部を抑圧し、無意識やリビドーに閉じ込めることでそれを文化活動への原動力にした。フロイトの発見したリビドーというエネルギーはノイローゼや強迫観念の原因である前に、文明の冒険へと進むための大きな原動力なのだ。スピノザも言っていたではないか、人間にとって悪とは、相対的なものでしかない。負の価値を正の価値に転換することは常に可能なのだ。

フロイトは、「示唆的な言い間違い」に表れる言語と無意識の密接性も研究している。意識が検閲しているのに、言おうとしたわけではない言葉が、口をついて出る。それは無意識の表出としか考えられない。「示唆的な言い間違い」は、「言いそこない」であるが、言語表現なのである。「言いそこない」は無意識がしゃべっているのだ。だから、言語によって無意識の声を聞くことができる。これまで、哲学者たちは言語を、すでに自分のなかに存在していた思考を外に表出させる道具（デカルト、ボワロー）や、思考を構築するための手段（ルソー、ヘーゲル）としてとらえてきたが、フロイトにとって言語は無意識を意識するための手段なのだ。

ただ、どこでも、いつでも無意識の声が聞けるわけではない。そのための環境が必要だ。長椅子に寝そべり、自由に思いつくままに頭に浮かんだことを話す。理性の足かせがなく、意識の検閲から解放され、無意識が患者の言葉や夢を通じて、しゃべるがままに任せなければならない。

特に夢について語るときはこれが重要になる。フロイトによると、夢は無意識に直結するものだからである。夢のイメージは無意識の欲動を満たす役割をもっているが、言語化という「解釈」を必要とする。人間は話す動物であり、おしゃべりな存在であり、言語化によって意識下にアクセスすることができる。フロイトへの回帰とも言うべき著作を残したジャック・ラカンは、人間を「言存在（パルレートル）」と定義している。

無意識というものを発見したことで、戦争や宗教についての認識も変わった。フロイトによると、人間は心の奥底に他人を殺したり、命を危険にさらしたりしたいという願望をもっている。戦争が起こるのは、ある意味、文明社会に生きるなかで、市民権を失うリスクがある行為を正当化するためなのだ。

フロイトは宗教についても、幼年時代に端を発する苦悩が、病的な反応を示すことだと説明する。宗教は、強い父に守られていたいという無意識の願望を満たすためのものなのだ。神は、生物学上の父よりも万能であり、庇護の力も大きい。宗教が危険なのは、神を語るからではない。人々から聡明さを奪い、成長を阻害するからだとフロイトは説明する。

二十世紀初頭の保守的なウィーンで、フロイトの思想がどれほど過激なものだったか、これで理解できただろう（なにしろ子供時代の性的欲求による、普遍的ノイローゼや幼児退行が宗教だというのだから）。

フロイトが自身の仕事を、人間の自尊心を損なう第三の傷だと言ったこともうなずける。ちなみに第一の傷はコペルニクスによる地動説の発見、第二の傷はダーウィンによる、人間は神に造られたのではなく、進化した動物にすぎないという発見である。能動的な無意識が人の心に存在することを発見したフロイトは、ある意味、革命家だったのである。

フロイトからのアドバイス

死が怖いあなた。

死の恐怖で動けなくなってしまう、あなた。

死を考えないようにしてやりすごすなら、それはそれで立派だが、創造性を失うことになるかもしれない。

フロイトによれば、強迫観念を忘れようとし、ハエを追い払うように払いのけようとすれば、苦悩はさらに深まり、大きくなり、意識下で悪影響を与える。

それなら、死と向き合ってみよう。

私たちの意識は当たり前のように未来へと向かうものであり、未来を閉ざす死は、意識の本来の動きを阻害するものである。だから、死を恐れることも、死を忘れようとすることも実に自然なことなのだ。

だが、フロイトは『精神分析入門』で、死を考えるからこそ、人は濃密で充実した人生を、本当の意味で人間らしく生きることができると書いている。あとは、死の恐怖がどの程度のものかによる。

フロイトによれば、ふつうに仕事をして、誰かを愛せるかぎり、精神分析は必要ないのだそうだ。だが、死を恐れるあまり、働けなくなったり、愛する人との関係に問題が生じたりするのであれば、あなたがしっかりと生きていくために、精神分析医のもとを訪れ、意を決して長椅子に横たわることをお勧めする。

「われわれは時に死から逃げようとして急ぐことで、ますます死に近づいているのである」——モンテーニュ『エセー』第二巻・第三章

フロイトの問題発言

「肉体は運命である」

無意識は、肉体ではないが、なんらかのかたちで肉体のなかに存在するものだとフロイトは言いたかったのだろう。

抑圧される以前から欲動は、「肉体」に存在する。そして抑圧された段階で初めて「無意識」、つまり肉体でも精神でもないものとなる。だからこそ、フロイトは当初、無意識を「魂」と位置づけていたのである。

想像してみてほしい。私たちの身体の細胞の一つひとつに、抑圧された意識下の暴力的な欲動が記憶として保存されており、その欲動こそが私たちを人間たらしめているというのだ。

話を整理しよう。無意識とは、ある意味、肉体の記憶である。私たちの肉体には、これまで生きてきた歴史が刻まれている。ただし、ここでいう肉体とは、私たちが自覚をもち、認識している肉体であって、客観的な肉体、誰からも見える外貌としての肉体ではない。

つまり、私たちの過去の記憶を保有しているのは、象徴的な肉体、「意味をもつ肉体（シニフィアンとしての肉体）」なのである。

フロイトがここで「肉体」と言ったのは、客観的な肉体、身体全体ではなく、皮膚に残った傷跡や大きすぎる鼻、発音不全など、その人の人生に影を落としかねない身体的特徴や欠陥など、肉体構造の一部、身体の一部分でしかないのである。

それでも、こうした身体的特徴が自分の目から見て気になってならず、やがて、他人の目線を感じることにもなり、ついには感情、セックス、職業などの様々な面で人生に作用し、ある種の運命を背負わせてしまうことがある。

フロイトが言おうとしたのは、個人の歴史、両親や祖父母の歴史まで遡ってみると、こうした身体的特徴は常に運命として受け入れるしかほかに方法がなく、人生において時に決定的な要素となっていたということである。フロイトの決定論が行きすぎに思えるのは、私たちがこうした段階をすでに乗り越えたからこそなのだ。

フロイトの理想とする精神分析は、人間の生き方を変えられるものであったはずだ。精神分析によって実際の生活を変えることが可能ならば、肉体的な運命についてもとらえ方を変え、よりよく生きる方向へ導くことはできるかもしれない。

分析の結果、結局は運命を再認識することになるとしても、よりよく生きるとは運命を受け入れることだとフロイトは言うだろう。自身の肉体のなかにある運命を読み解くことこそが精神分析なのだ。すると「肉体は運命である」という言葉の意味も変わってくる。

精神分析的な思考をもたない者にとって、身体的な特徴や欠陥を自我の象徴としてとらえる考え方は、決定論に直結する。しかもここでいう運命とは、自身が知らされておらず、その重大さにすら気づいていないかたちでその人の人生を動かすものである。どんなに努力しても、運命は変えられないと絶望することになりかねない。

一方、精神分析的な思考をもつ者にとっても、「肉体は運命である」。だが、運命を理解し、自覚することができれば、運命に振りまわされることはない。

つまり、運命に抗おうとして無意識下で苦しむことがなければ、運命がその人の人生に悪影響をおよぼすこともなくなる。そうすることで、人は安易な決定論を脱し、フロイトの精神分析が目指した理想の状態「エスあるところにエゴあらしめよ」を実現することができるのだ。

10 サルトル

一九〇五〜一九八〇
情熱の人。実存主義を生み出したフランスの哲学者、作家。『リベラシオン』紙を創刊、シモーヌ・ド・ボーヴォワールと契約結婚、ノーベル文学賞を拒否。

サルトルは三つの手段で、哲学を町場に引きずり下ろし、大衆化させた。まずは講演である。『実存主義はヒューマニズムである』と題された講演（一九四五）で、自身の代表作となる論文『存在と無』（一九四三）をよりわかりやすく語った。サルトルは人間の「完全な自由」のために闘い、社会、歴史、無意識、信仰（神が存在するのなら、人間は神が書いた筋書きどおりの運命しか選べない）などあらゆる分野での決定論を完全に拒否した。

この完全な自由という概念を、サルトルは「存在」ではなく「無」としてとらえていた。サルトルが革命的なのはこの点である。人間は今の状態ではない。より正確に言うなら、「人間は今ある状態の自分ではなく、今その状態にないもののすべてでありうる」、サルトルのすべてはこの不思議な一文に込められている。

「人間は今ある状態の自分ではない」というのは、自分が自分だと思っている自分ではないということである。たとえば、彼はブルジョワ階層の純粋な産物「ではない」。もしくは、彼は不幸な子供時代の純粋な産物「ではない」。つまり、人は生まれながらの性質や階級で決定づけられるもの「ではない」のだ。

「今その状態にないもののすべてでありうる」というのは、人は今まだその状態にない、あらゆるものになれる可能性をもっているということだ。

こうして驚くべき一文を前後に分けて解説すると、人生における柔軟性、可能性の広がりが見えてきたのではないだろうか。これこそが人間の特性であり、サルトルが「無」と呼んだものだ。つまり、「無」とは何もないことではない。むしろ、何にでもなれる可能性なのだ。

ここで初めて『存在と無』というタイトルの意味が明確になる。「無」は人間の人間らしい生き方を示し、「存在」は人間的ではないただの状態を示す。

鶏は鶏であり、鶏という状態にとどまる。電話は電話であり、その特性や機能によって電話であると認識される。だが、人間はそのままの状態では人間ではない。鶏や電話のように同定されることはない。

スター哲学者・サルトル

人間は、どんな状況から出発しようと（サルトルは、フロイト、デュルケム、ブルデューほか、これまで多くの思想家が決定論と呼んだものを、ただの「状況」にすぎないとしている）、大統領にもテロリストにもなれる。臆病者にも勇者にもなれるし、異性愛者にも同性愛者にもなれる。美しくも醜くもなれるし、親切にも意地悪にもなれる。可能性は広大な野原のように拡がり、存在はあくまでも行動があってこそ表面化する副次的なものにすぎない。これがサルトルの言う自由なのだ。

実存とは、行動によって世界に参加することであり、時に苦悩が伴うことを知りつつも、「自由」という概念に「目に見える顔」を与えることである。

こうした提案によってサルトルは、第二次世界大戦終結直後のフランス社会でスターになった。当時（栄光の三〇年と呼ばれる高度成長期が始まったばかりの時期）、実存主義は人々に希望を与えたのである。決定論を引き合いに出し、「完全な自由」を否定したり、自由であろうとする他者を妨害したりする者は、「自己欺瞞」であるとされ、時に卑怯者とまで言われた。サルトルの言う「自己欺瞞」とは、自由を本気で引き受けようとしない人間を指す。

ここからわかるとおり、サルトルの思想はしばしば大げさで、挑発的だ。彼が多くの支持者と同時に敵をつくったのもこれが理由だろう。「くたばれサルトル」と叫びながら、多くのフランス人がシャンゼリゼ通りを歩き、サルトルの住むアパルトマンにはプラスチック爆弾が投げ込まれた。サルトルは二十世紀で最も罵詈雑言（ばりぞうごん）を浴びた知識人だろう。「好色な毒舌家」と、フランソワ・モーリヤックは書き、セリーヌは「クソ」と蔑（さげす）んだ。

サルトルが哲学の敷居を下げるために使った手段の二つ目は、文学である。

彼は論文を文学作品に書き替え、とっつきやすくした。たとえば鏡のない部屋を舞台にした戯曲『出口なし』で、サルトルは他者との関係性についての哲学を示し、小説『嘔吐』では、主人公ロカンタンを通して、フッサール〔一八五九～一九三八。オーストリアの哲学者〕や現象学の発想を物語風に提示して見せた。現象学（現象がすべてであって、現象の裏に存在があるわけではないという考え方）の論文が、そのまま珠玉の小説となっているのだ。

三つ目の手段がジャーナリズムである。『リベラシオン』紙の創刊者として、サルトルは常に社会問題や政治問題（ルノー社における労働問題、ベトナム戦争やボートピープルなど）の第一線にとどまりつづけた。知識人の政治参加は、当時、サルトリズムと呼ばれたほどだ。

スターリン政権を支持し、言うなれば、階級社会や革命派閥の分断を擁護したことは、一九五〇年代に自らが主導した実存主義的な個人主義と矛盾するようにも見える。実際、サルトルはこの件について、大いに批判された。加えて晩年には、ベニ・レヴィ〔一九四五～二〇〇三。フランスの哲学者。晩年のサルトルの秘書を務めた）の影響でユダヤ系神秘主義に傾倒し、これまで無神論者だった姿勢を一変させたかのようにも思われた。

だが、こうした矛盾して見える行為にも一貫性はあるのである。サルトルは、あらゆる決定論を批判し、アイデンティティという概念すらも否定した。彼はかねてより、もし今の状態の自分が自分であると決めつけさえしなければ、人は常に新しい自分を生み出しつづけ、次々と、いくつもの顔をもつことができると言っていた。サルトルの人生および思想に見られる数々の転向、転換という問題は、まさにここに起因する。

私が本当に自由で、自身のすべての行為に責任をもち、しかもその行為が、サルトルの言うように、他者の目に向けられたものならば、生涯を通してその行為には普遍的な一貫性などなくてもよいのではないだろうか。

さらに言えば、サルトルによると、人は死ぬ時に初めて、「そこにあるだけの状態」になる。死んでしまえば、これ以上何かを付け足すことも、修正することも、自分を誰か、何かに投影することもなく、鶏や電話と同じように「ある」ものになる。こうして、人間はようやく「無」から出て、「死」という状態に「ある」ことになる。そのとき初めて他者は、その人の「生前の行為の全体像」を目にし、評価を下すことになるが、そこにはたして「一貫性」はあるのだろうか。

サルトルからのアドバイス

「わざとやったんじゃない」が口癖のあなた。

あなたは今すぐサルトルの言葉に耳を傾けるべきだ。

確かに外から見ただけでは、それが善意による行動か、悪意によるものかはわからない。だから、サルトルはその行為だけを判断の対象とすることを提案した。

だが、注意が必要だ。もうご理解いただけただろう。一つの行為だけを取り出して判断してはならない。「いくつもの行為の積み重ね」を見ることが大事だ。当然のことながら人生のあらゆる時、特に死の瞬間が大事であり、すべてが判断の対象となるのだ。ということは、人生いつでも目的地を変更できるということでもある。サルトルなら言うだろう。
「それが故意のものであるかどうかは関係ない。大事なのは、何をしたか、何をするかだ。信用を失いたくないなら、同じ失敗を二度繰り返してはならない」

私たちは常に途上におり、死を迎えるその時まで、日々軌道修正を加えながら進んでいる。私たちの真理とは、行為という、他者の目の前に投げられた自分の一部分のなかにしかない。責任は、意図ではなく行為に伴うものである。大人になるとはそういうことだ。

同様に、立ちはだかる壁を前にして、いつも自分には才能がない、テニスも数学も自分には向いていないのだと言ってばかりいる人にも、サルトルの言葉を贈ろう。そんなときも、評価の対象になるのは「行為」だけである。

サルトルは力強い考えで哲学を一新させた。人間は何も事前に決められているわけではない。向いているとか、いないとか、そんなことはない。理由は簡単。本質などないからだ。「存在とは『ただそこにあるだけ』ではない」

才能や特性などはあらかじめ決められているわけではない。世界や他者と交わることで徐々につくりあげられていくものだ。物体のなかには（化学物質など）その本質的な性格から鉱物になりえないものがある。だが、人間は鉱物ではない。鉱物の場合、酸に弱いなど固有の性質は常に変わらない。しかし、人間は違う。サルトルの言葉を借りるなら、人間は「不定」であり、「不定」とは自由の別名なのだ。

サルトルの問題発言

「われわれはドイツの占領下にあったときほど、自由であったことはなかった」
——〔「沈黙の共和国」白井健三郎訳『サルトル全集』第十巻、人文書院〕

サルトルの言いたいことはわかるだろう。自由は与えられるものではなく、「状況のなかで」勝ち取るものだ。

自由であるとは自らの自由を証明することだ。どんな小さなことでも、選択することは、他者の目に行為をさらし、評価されることでもある。

占領下において、人々の行為は、最も原理的なかたちで、他者に対し自分の自由を証明することであった。非常時、人々は自身の立場を明らかにすることを迫られた。暴力的なまでに激変する歴史のなかで、すべての自由は世界に訴える行為であり、社会参加であること、どちらの陣営も選ばない態度さえ「選択」であることを身に染みて理解したはずだ。

思い出してほしい。サルトルにとって人間は「自由に処されている」のであり、自由とは安易なものでも、心地よいものでもない。占領下の生活は、人々に選択が自由であることの苦しさを自覚させた。行動すること、いずれかの陣営を選ぶこと、その意図がどうであれ、自分のしたことの責任を負うことが強いられたのだ。

「占領下にあったときほど、自由であったことはなかった」という言葉は、つまり、自由とは単に自由に動けるとか、好きなことをする権利などではなく、困難な選択に直面したときにこそ試されるものであり、それがまさに戦時中の占領下の生活だったという意味だ。

「占領下の生活ほど、自由が切実になった時代はない」と言い換えてもいい。理論上、この言葉に非難される要素はないだろう。この言い回しにはいかにもサルトルらしいレトリックが感じられる。

それでも、疑問は残る。これまでになく自由が脅威にさらされ、自由を守るため、多くの人が戦場で命を賭して闘っているあいだ、筆を通してしか抵抗を表明しなかった哲学者〔サルトルは、兵役召集されるが、捕虜となったのち親独派の友人の助けで解放された。以降、レジスタンス活動よりも作家としての活動を優先させたと言われている〕にとってこの挑発的な言葉はどんな意味をもつだろう。現場で闘った活動家たちは、「これまでそれほどまでに自由を感じていなかった」のだろうか。もし、感じていたとしたら、彼らは同じように武器を手にしなかったのだろうか。

サルトル自身が占領下の時代に例外的な自由を感じていたのなら、フランスが占領下にあった一九四三年に『存在と無』を刊行したのにはどんな意味があったのだろう。純粋にレジスタンスとして、フランス人の思想の流れを自ら示そうとしたのか。それとも、祖国の防衛よりも大事なことがあると思って執筆したのだろうか。この本を一九四三年に刊行したのは彼の「選択」である。その選択によってサルトルの決意は他者の目にさらされ、今もなおあらゆる読者からの審判にさらされている。なにしろ人間は、その行為の積み重ねでしかないのだ。

訳者あとがき

哲学とは長く重たいものなのだろうか。プラトン全集（岩波書店）は全十五巻、キルケゴール著作集（白水社）は全二十一巻ある。一冊や二冊読んだぐらいで哲学を語ってはいけないのだろうか。訳者自身、哲学科の出身ではないし、哲学者を気取るつもりはない。それでも、大学の一般教養で学んだ川原栄峰先生の哲学講義は面白かった。思考のレッスンであり、トレーニングであり、基礎練習は、その後も生きている。「ありえない」はずのことを想像してみるとき、選挙で理想主義の候補者と現実主義の候補者のあいだで投票を迷うとき、ふと思い出すのだ。哲学は一見、生活から遠いように思えるが、意外と身近な問題にも応用が利く。フランスの高校では哲学が必修であり、理系の学生でも、最低限、哲学を学ぶことは必須とされている。大学入学資格試験（バカロレア）で哲学の筆記試験があるのも、哲学がすべての人にとって必要なものだという考え方が根底にあるからだろう。

さて、本書は Charles Pépin, *Les Dix Philosophes incontournables du bac philo*, Librio MEMO, 2012 の全訳である。〈Librio MEMO〉は、老舗出版社フラマリオンが刊行している学生向けのコレクションである。ほぼすべてが三ユーロと低価格のブックレットで、数学や語学、歴史など様々なテーマのタイトルが網羅されている。本書もまた、原題を直訳するとずばり「バカロレアの哲学試験で避けては通れない一〇人の哲学者」ということになる。要は受験参考書なのである。受験生たちにとって、これだけは知っておくべきというリストがこの一〇人というわけだ。二〇一二年の刊行時にはベストセラー入りを果たしたところを見ると、多くの学生が本書を手に試験勉強をしてきたのだろう。いや、学生以外の読者もいたはずだ。つまり、一般教養として知っておいて損はない一〇人ということにもなる。

最初はなぜこの一〇人なのだろうかと思った。紀元前から一気に十七世紀まで飛んでいるうえに、キルケゴールやフロイトなど、ちょっと変わり種も入っており、王道の哲学者一〇選とも言いがたい。だが、通して読んでみると、見事につながっている。一つの思想に対し、次の時代には、その反動ともいうべきアンチテーゼが示されていることがよくわかる。理想派プラトンのあとに現実派のアリストテレス、動物機械論のデカルトのあとに森羅万象のスピノザ、フランス革命を否定したカントのあとにフランス革命礼賛のヘーゲル、宗教家キルケゴールのあとに神殺しのニーチェ。目に見えぬ無意識に注目したフロイトと、目に見える行動を重視したサルトルも対照的だ。宗教と科学、具象と抽象、生と死、悲観主義と楽観主義、古代から現代まで、西欧哲学が民主主義やキリスト教と迎合したり、反発したりしながら発展してきた流れがつかめるのは、「通史」の面白さである。最近、よく聞くようになったバックラッシュという現象は昔から存在しており、思想を深める原動力となってきた。

一人ひとりの哲学者はとても個性的だが、彼らとて時代の空気から自由なわけではない。啓蒙哲学者のなかにも人種差別や偏見など、今ならどう考えても倫理的に許されない言説もある。正直なところ、古典を読んでいて、一言口をはさみたくなることは誰しも経験があるだろう。文学や哲学にもある意味、賞味期限はあるのかもしれないと思う読者もいるはずだ。そんな読者の心理を見透かしたかのように、シャルル・ペパンは先回りしてみせる。「このあたりは今も同じだよね」という普遍性、現代性の指摘や、「今の人から見るとこれはアウトなんだろうけど、当時はこんな事情があってね」という背景を解説することで、二十一世紀の現代に哲学を読む意味を教えてくれるのだ。長年教壇に立ち、現役高校生の反応を肌で感じ取ってきたペパンならではの気遣いといえるだろう。

著者、シャルル・ペパンは、一九七三年パリ郊外のサン・クルー生まれ。パリ政治学院、ＨＥＣ（高等商業学校）を卒業、哲学の教授資格をもつ。長年、教壇に立ち哲学を教える一方、映画館で哲学教室を開き、雑誌に連載をもつなどして、哲学にふれる機会を多くの人に提供してきた。本書と同じ〈Librio MEMO〉シリーズから、『バカロレア哲学必勝法』（文庫版追記：『フランスの高校生が学んでいる哲学の教科書』として二〇二三年翻訳刊行）や『バカロレア哲学模範解答集』も刊行しており、教科書、参考書も多数執筆している。とはいえ、彼の活躍はそれだけにとどまらない。学生向けの本に加え、哲学的エッセイや小説も書いており、テレビやラジオ、映画にまで出演している人気者だ。『考える人とおめでたい人はどちらが幸せか　世の中をより良く生きるための哲学入門』（永田訳、CCCメディアハウス）、バンデシネ作家ジュルことジュリアン・ベルジョとの共著『賢者の惑星　世界の哲学者百科』（平野暁人訳、明石書店）に続き、日本語訳は本書が三冊目であるが、今後も紹介する機会があることを祈っている。

日本の大学受験に哲学という科目はない。受験勉強ではないのだから、日本の読者は気が合わない哲学者の章を飛ばして、気になる哲学者の部分だけを読んでもかまわない。本書には何度も「自由」という言葉が出てくる。ペパン流にいうなら、日本には哲学を学ばない自由があるともいえる。試験に出るからという理由で哲学を学ばねばならないフランスの学生に比べると、それは幸運なことかもしれない。さて、「学ばない自由」を享受することは、哲学にふれずに一生を生きることなのか、それとも、自分の意志で学ぶことを「選択」することなのか。本書が哲学と出会うきっかけとなれば訳者としても幸いである。訳者自身、フランスの高校生になったつもりで哲学を学びなおす機会を楽しませてもらった。貴重な機会をくださった編集室カナールの片桐克博さん、草思社編集部の渡邉大介さんに感謝したい。

二〇二一年十一月

永田千奈

＊本書は二〇二二年に当社より刊行された著作を文庫化したものです。

著者略歴

シャルル・ペパン（Charles Pépin）

1973年、パリ郊外のサン・クルー生まれ。パリ政治学院、HEC（高等商業学校）卒業。哲学の教鞭をとる一方、教科書、参考書のほか、エッセイや小説を多数執筆。映画館で哲学教室を開いたり、テレビやラジオ、映画に出演している。邦訳に『フランスの高校生が学んでいる哲学の教科書』『幸せな自信の育て方　フランスの高校生が熱狂する「自分を好きになる」授業』などがある。

訳者略歴

永田千奈（ながた ちな）

東京都生まれ。早稲田大学第一文学部フランス文学専修卒業。主な訳書にルソー『孤独な散歩者の夢想』、ペパン『フランスの高校生が学んでいる哲学の教科書』『考える人とおめでたい人はどちらが幸せか　世の中をより良く生きるための哲学入門』がある。

草思社文庫

フランスの高校生が学んでいる10人の哲学者

2024年2月8日　第1刷発行
2024年10月7日　第6刷発行

著　者　シャルル・ペパン

訳　者　永田千奈

発行者　碇 高明

発行所　株式会社 草思社

〒160-0022　東京都新宿区新宿1-10-1
電話　03(4580)7680(編集)
　　　03(4580)7676(営業)
　　　https://www.soshisha.com/

本文組版　株式会社 アジュール

本文印刷　株式会社 三陽社

付物印刷　日経印刷 株式会社

製 本 所　加藤製本 株式会社

本体表紙デザイン　間村俊一

ISBN978-4-7942-2704-1　Printed in Japan

ご意見・ご感想は、こちらのフォームからお寄せください。
https://bit.ly/sss-kanso

草思社文庫既刊

齋藤 孝
世界の見方が変わる50の概念

「パノプティコン」「ブリコラージュ」「身体知」「ノマド」など、著者が自分でもよく使う哲学用語、専門用語、いわゆる「概念」を分かりやすく解説、人生や社会の中でどう生かすかを教えてくれる。

頭木弘樹＝編訳
絶望名人カフカ×希望名人ゲーテ
文豪の名言対決

どこまでも前向きなゲーテと、どこまでも後ろ向きなカフカ、あなたの心に響くのは？　絶望から希望をつかみたい人、あるいは希望に少し疲れてしまった人に。**『希望名人ゲーテと絶望名人カフカの対話』改題**

リック・ハンソン　リチャード・メンディウス　菅 靖彦＝訳
ブッダの脳
心と脳を変え人生を変える実践的瞑想の科学

「仏教」と「脳科学」の統合による新しい瞑想法を専門家がくわしく解説。「心」のメカニズムの理解のうえで、怒りや不安などの感情をしずめ、平安で慈しみのある精神状態を生み出す実践的な方法を紹介する。

戦争プロパガンダ10の法則

アンヌ・モレリ　永田千奈＝訳

「戦争を望んだのは彼らのほうだ。われわれは平和を愛する民である」——近代以降、紛争時に繰り返されてきたプロパガンダの実相を、ポンソンビー卿『戦時の嘘』を踏まえて検証する。現代人の必読書。

カルチャロミクス

文化をビッグデータで計測する

エレツ・エイデン、ジャン＝バティースト・ミシェル　阪本芳久＝訳

数百万冊、数世紀分の本に登場する任意の言葉の出現頻度を年ごとにプロットするシステム「グーグルNグラムビューワー」。この技術が歴史学や語学、文学などの人文科学にデータサイエンス革命をもたらす！

ソーシャル物理学

「良いアイデアはいかに広がるか」の新しい科学

アレックス・ペントランド　小林啓倫＝訳

SNSで投資家の利益が変わる、会議で全員が発言すると生産性が向上する、風邪のひきはじめは普段より活動的になる——人間行動のビッグデータから、組織や社会の改革を試みる〝新しい科学〟を解き明かす。

草思社文庫既刊

銃・病原菌・鉄（上・下）

ジャレド・ダイアモンド　倉骨 彰＝訳

なぜ、アメリカ先住民は旧大陸を征服できなかったのか。現在の世界に広がる〝格差〟を生み出したのは何だったのか。人類の歴史に隠された壮大な謎を、最新科学による研究成果をもとに解き明かす。

文明崩壊（上・下）

ジャレド・ダイアモンド　楡井浩一＝訳

繁栄を極めた文明はなぜ消滅したのか。古代マヤ文明やイースター島、北米アナサジ文明などのケースを解析、社会発展と環境負荷との相関関係から「崩壊の法則」を導き出す。現代世界への警告の書。

人間の性はなぜ奇妙に進化したのか

ジャレド・ダイアモンド　長谷川寿一＝訳

まわりから隠れてセックスそのものを楽しむ――これって人間だけだった!? ヒトの性は動物と比べて実に奇妙である。動物の性と対比しながら、人間の奇妙なセクシャリティの進化を解き明かす、性の謎解き本。